Cuando
el abuso
se vuelve
adicción

Las personas que durante su infancia sufrieron abusos pueden volverse adictas al sufrimiento y al dolor. Ésta es la historia verídica de un hombre de éxito que tuvo que luchar a brazo partido contra él mismo para librarse de la más terrible adicción que alguien puede padecer, porque destruye la autoestima y aniquila los valores personales.

EDAMEX
LIBROS PARA
SER LIBRES
www.edamex.com

Cuando el abuso se vuelve adicción

*La confesión de un hombre
atormentado por la vergüenza
de haber sido víctima
de abusos en su infancia*

OLIVEIRO MALDONADO

Título de la obra: CUANDO EL ABUSO SE VUELVE ADICCIÓN

Derechos Reservados © en el 2001 por EDAMEX, S.A. de C.V.
y Oliveiro Maldonado.

Cuidado de la edición Miriam Romo

Portada: Violeta Cortés

Colecciónes
"Historia, Biografías y Testimonio"
"Psicología y sexualidad"

Ficha Bibliográfica:

Oliveiro Maldonado
"Cuando el abuso se vuelve adicción"
224 pág. De 14 x 21 cm.
Índice
20.5 Testimonio 25. Psicología
Historia, Biografía y Testimonio

ISBN 970-661-149-5

EDAMEX, Heriberto Frías 1104, Col. del Valle, México 03100.
Tels. 5559-8588. Fax: 5575-0555 y 5575-7035.

Para enviar un correo electrónico diríjase a la página de internet:

www.edamex.com

Impreso y hecho en México con papel reciclado.
Printed and made in Mexico with recycled paper.

Miembro No. 40 de la Cámara Nacional de la Industria Editorial Mexicana.

Quiero expresar mis más sinceros agradecimientos a mi esposa. Primeramente por ayudarme a encontrar el camino correcto para resolver todos los problemas que yo había venido enfrentando a través de experiencias amargas. Por más que luchaba, solo nunca hubiera podido resolver todos los problemas narrados en este libro. Su lucha intensa para apoyarme a seguir adelante, su esperanza continua por encontrar las raíces de mi conducta inapropiada y el enseñarme que hay algo más allá en la vida. También por ayudarme a reunir el material para este libro, tarea nada fácil. Pero sobre todas las cosas, gracias por haber cuidado de mis hijos para que crecieran con paz y tranquilidad mental.

De mi parte no me queda sino decirle que admiro su integridad e inteligencia. Que sin su amor y apoyo incondicional nunca hubiera logrado valorar lo hermoso que es poder llevar una vida sana. Ella me ayudó a mirar con claridad las cosas que para mí ya representaban un final. Percibió mis problemas en una forma diferente. Carmen estuvo allí cuando la necesité. A ella toda mi gratitud.

A mis hijos mi más sincero amor, a todos los quiero inmensamente con todo mi corazón. Gracias por soportar todos los sinsabores que pasaron junto a mí. Gracias por todo ese amor que ustedes me han dado. La vida sigue su curso y ustedes tienen que enfrentarla con dignidad, ser ciudadanos con altas aspiraciones morales y ser útiles a la sociedad. A mi Tony muchas gracias por ayudar a su hermanito Alex a ser un niño de bien, le deseo muchas felicidades junto a su esposa e hijitas. A mi Nancy, mi hija mayor le deseo con toda mi alma tranquilidad y felicidad en su matrimonio junto a sus hijitas. A Alex que continúe siendo fuerte y con muchos éxitos. A mi baby Pilar, que la vida le ilumine un camino lleno de felicidad. A Carlos que siempre será bien recibido en nuestra casa y amado por toda mi familia. A todos ustedes los amo muchísimo.

A mi madre que la amo inmensamente. Gracias por todos esos sacrificios que hizo para poder sacar adelante a cinco hijos. Qué dura tarea, pero lo logró. Gracias por darnos ejemplo de ser una mujer digna y leal. Gracias por haberme dado la vida y si alguna vez puso sus esperanzas en mí creo no haberla nunca defraudado. Luché y sigo luchando por mantener lo que ella siempre añoró, una familia unida. Admiro muchísimo la manera como ella salió adelante a pesar de tantos sinsabores que la vida le deparó. "Eres una madre ejemplar, a cada uno de tus hijos nos diste lo que a bien pudiste hacer". No hay palabras para describir todo lo que ella representó en la vida de mis hermanos y en la mía.

A mis hermanos: a Tony, mi hermano mayor, gracias por ser tan comunicativo, gracias por haberles abierto los brazos a mis hijos, por cuidarlos cuando iban a mi país y por darles lo mejor para que ellos tuvieran una bonita estadía. A mi hermana por ser tan buena, por haberme ayudado cuando era pequeño, por haber auxiliado a mi madre con todo lo que tuvieron que afrontar. Gracias por haberme escuchado. A mis hermanos Ernesto y Pablo, gracias por haber ayudado a mi madre a trabajar y hacerle la vida menos difícil.

Escribo este libro porque es mejor vivir con nuestras vidas en paz y no ocultar sentimientos pobres que nos pueden llevar a consecuencias tristes.

Índice

Prólogo

Era un típico día de fines de verano en Chicago; todavía hacía calor. Era el mes de septiembre de 1996. Me desperté alrededor de las 3:30 de la madrugada de una noche en la que no había podido descansar. Manejé a través de la ciudad hasta llegar al *Lake Shore Drive*. Entré en un gigantesco parque que aloja un conjunto majestuoso de museos. Miré hacia el norte y me dejé cautivar por el maravilloso paisaje de magníficos edificios elevados a la orilla del lago Michigan. No tenía palabras para describir tanta belleza. En algún momento de mi vida había dejado de notar el crecimiento de esta grandiosa ciudad. Cuando llegué a Chicago proveniente de Colombia, hace ya 30 años, el edificio *Prudential* era el más alto. Ahora, el cielo estaba cubierto de monolitos que se elevaban hacia el firmamento como si alcanzaran las nubes. Desde mi arribo había visitado el centro de la ciudad en muchas ocasiones, pero no me había percatado de su crecimiento en todo este tiempo. En un momento de retrospección, pensé: "¡Dios mío! ¿Qué había sucedido conmigo en todos estos años? ¿En dónde había estado?"

Vine a Estados Unidos con el optimismo de empezar una nueva vida. En ese instante, como un destello, salieron a la luz todos mis recuerdos. Eran tan intrínsicos, complejos y, a la vez, sorprendentes, como el espectáculo de esta asombrosa ciudad que yacía ante mis ojos.

Eran momentos turbulentos, enfrentaba muchos problemas y estaba consciente de que no iba a ser fácil resolverlos. Trabajaba para una institución con la cual había hecho el compromiso de ayudarla a crecer. Como nunca, y ante todo, puse muchas horas y mi esfuerzo para conseguirlo. Pero, aún así, parecía que todo mi esfuerzo no era suficiente. Para mi sorpresa y asombro, fui despedido por mi jefe inmediato debido, supuestamente, a un pobre desempeño en mis responsabilidades y funciones. Y como si esto fuera poco, fui acusado de malversación de fondos. En pocas palabras, me acusaron de ladrón. Esta fue una situación denigrante, pero no era el único problema por el que atravesaba en esos momentos. En agosto del mismo año habíamos perdido nuestra casa. Mi esposa, mi hijo mayor Tony, su esposa y yo, estábamos viviendo en el departamento de un primo mío. Mi hija menor estaba viviendo con mi hija mayor y mi hijo Alex con uno de sus amigos. La situación era terrible y triste y no sabía qué hacer.

Por unos segundos pensé en el futuro. Una de mis prioridades inmediatas era reunificar a mi familia y, para poderlo hacer, tenía que encontrar trabajo cuanto antes. Por una u otra razón no había tenido suerte en la búsqueda de empleo. Otra de mis opciones era emprender mi propio negocio. Pero para iniciar un negocio era necesario un capital y por el momento yo no contaba con él. Buscando ayuda, desesperadamente, llamé a mi primo, que se encontraba de viaje por Centroamérica. Me respondió que tenía el capital para invertir en el negocio y, basándome en su promesa de ayudarme, comencé a planificar todo lo relacionado con el negocio. Encontré un local en renta, que era adecuado para el negocio que tenía en mente. Mi primo estuvo de acuerdo en que lo alquilara. Como él era el que tenía la plata para invertir en mi idea de un negocio, a la semana siguiente volví a llamarlo para pedirle su autorización para comenzar a llenar los formularios de gobierno requeridos para emprenderlo. Una vez más, me dio su autorización y me dijo que estaría de regreso en unas semanas. A su regreso me dio la noticia de que me negaba su ayuda, que en realidad nunca quiso entrar en la sociedad y que no quería invertir en el negocio. El problema era que ya había hecho el compromiso de alquilar el local y no tenía dinero para pagarlo. El último recurso eran algunas joyas que mi esposa y yo teníamos. Incluyendo nuestros anillos de graduación, las empeñamos por 700 dólares para pagar el alquiler del local.

Para ese entonces, estábamos todavía viviendo en el edificio de mi primo, que con mucho cariño nos había ofrecido. A pesar de que estaba ubicado en un vecindario pésimo y que vivíamos en medio de ratas y cucarachas, estábamos juntos y esto era mejor a no tener donde vivir. Esta felicidad no duraría mucho tiempo. Un mes más tarde, después de haber logrado reunificar a mi familia, mi hija menor vivió una terrible experiencia que cambiaría drásticamente su vida, ocasionando un desastre en mi familia. Debido a este incidente, mi primo y toda su familia se convirtieron en nuestros enemigos. Se volvió un infierno vivir en medio de los insultos emitidos por su esposa e hijastra. Llegamos a la conclusión de que estas personas no eran más que basura, por lo que decidimos irnos de ahí, escapando, en busca de otra posada.

La idea de escribir este libro, basado en mis experiencias, había estado rondado por mi mente desde hacía tiempo. En ese instante, sentado en mi carro y mirando cómo el amanecer se reflejaba sobre los imponentes edificios de Chicago, empecé a organizar mis pensamientos.

He escrito este libro después de sufrir muchas desilusiones y amarguras a lo largo de mi vida: la pérdida de mis trabajos, mis ahorros, mi reputación, mi dignidad y la amistad de alguien que creía era un verdadero amigo; por último, sufrí la separación de mi familia. Además de lo que ya he dicho, soy lo que se llama una persona sobreviviente de abusos. Fui violado cuando era niño. También tuve problemas con el alcohol. Mi alcoholismo empezó durante mi adolescencia. Todo el abuso que recibí en mi niñez lo había ido arrastrando hasta mi vida de adulto.

No es mi intención relatar mi triste vida en este libro. Simplemente lo que quiero es transmitir a mis lectores que, a pesar de las experiencias difíciles y traumáticas que uno sufra en la vida, no una, sino varias veces, siempre hay maneras y oportunidades de levantarse y superarlas y comenzar *Cuando el Abuso se Vuelve Adicción.*

Introducción

Los expertos han escrito muchos libros que describen el abuso infantil y sus efectos traumáticos en sus sobrevivientes. Podemos mencionar algunos casos de abuso infantil, como por ejemplo: abuso sexual, verbal, físico, psicológico o negligencia. Estos tipos de abuso pueden ser tan nocivos como los de cualquier otro tipo, incluso causan severos trastornos a lo largo de la vida de un ser humano. Los síntomas de abuso infantil pueden manifestarse de muchas maneras, dependiendo de la personalidad del individuo.

Uno de estos síntomas que se presenta a largo plazo es el Trastorno Obsesivo-Compulsivo (TOC) El Trastorno Obsesivo-Compulsivo es una condición persuasiva que ocasiona que el individuo revalúe sus pensamientos, sus palabras, acciones, y relaciones. Durante este proceso de reevaluación, el individuo siempre analiza sus actos como inadecuados. Este escrutinio mental se repite cuando el abuso se vuelve adicción a lo largo del día, originando a menudo peligrosos deseos debido a la ansiedad producida. Este tipo de trastorno causa que la persona viva en constante estado de tensión y una persistente insatisfacción personal.

Debido a la dificultad en manejar su intensa cólera, los sobrevivientes de abuso infantil alternan entre expresiones descontroladas de furia, intolerancia extrema y diferentes formas de agresiones violentas. Por una parte estas personas sienten compasión y, a la vez, se convierten en protectores de otras personas. No soportan ver que lastimen a una persona, pero, por otro lado, pueden ser explosivos e irritables con su familia. Pueden dar sus vidas por los demás y, a la vez, lastimar a los suyos.

Cambios similares ocurren en el manejo de su intimidad. Este trauma incita a que las personas afectadas se alejen de relaciones cercanas y al mismo tiempo que se acerquen a ellas. Su capacidad de intimidar está comprometida con la intensidad de sus emociones y sentimientos contradictorios de temor y necesidad. Su propia inconsistencia es su tormento.

Cuando un individuo sufre del Trastorno Obsesivo-Compulsivo, tal vez él/ella no presente ningún síntoma característico, como cambios en el estado de ánimo, pero pueden desarrollar otros comportamientos particulares que utilizan para controlar su ansiedad y depresión. Estos comportamientos o conductas pueden manifestarse como estremecimientos, enuresis, violencia, trastornos alimenticios, inhabilidad para acoplarse en actividades recreativas, reacciones neuróticas como histeria, obsesión, compulsión, fobias e hipocondría. También se pueden manifestar comportamientos extremos, como un aparente acoplamiento, o fluctuar entre ser extremadamente pasivos o muy agresivos, poco o muy demandantes; ser demasiado complaciente, comportarse de manera inapropiada como adulto o como niño; retraso en el desarrollo emocional o intelectual; conductas suicidas, pueden realizar actividades autodestructivas y tener una frecuente inhabilidad para aceptar ayuda o apoyo de otras personas.

Debido a los serios efectos de este trastorno, decidí escribir este libro para poder ofrecer mis experiencias a otras personas con problemas similares. Voy a compartir con mis lectores diferentes tipos de abusos, tales como: abuso sexual infantil, abuso verbal y físico, abuso de alcohol. Además compartiré problemas y consecuencias de crisis económicas y pérdida de los valores familiares, incluyendo negligencia y falta de amor. Yo fui víctima de todos estos abusos y situaciones de vida y , hasta ahora, he sobrevivido y superado estos traumas.

Sabía que algo andaba mal conmigo, pero no podía descifrar lo que era. Inconscientemente, había tratado de

esconder todos estos abusos que sufrí en mi niñez. No
quería mirar ni recordar aquellos años porque me hacían
sentir avergonzado, deprimido, temeroso, culpable, y, sobre todo, seguro de que yo tenía la culpa de ellos. Por lo
tanto tenía que pagar el precio de mi culpabilidad. Pensaba
que tenía que complacer a los demás, lo cual permitía que
abusaran de mí. Miraba el futuro de una forma negativa
buscando recompensa instantánea, en términos de mi necesidad de ser castigado a través del abuso. Inconscientemente estaba buscando repetir el patrón de mi niñez. No
podía diferenciar entre lo saludable o perjudicial para mí;
entre el amor y el abuso; entre lo bueno o lo malo; entre el
valor del dinero o entender la pobreza; o comprender entre
una moral pobre y los buenos valores familiares.

No fue sino hasta enero de 1993, después de sufrir una
crisis emocional, la misma que me forzó a enfrentar la realidad de mi vida, que decidí buscar ayuda psicológica. A
pesar de que no estaba muy de acuerdo con la idea, una
nueva vida comenzó para mí. Entendí que primero debía
ayudarme a mí mismo para luego poder ayudar a los demás. Hasta ese momento acostumbraba a complacer a los
demás y no tenía la capacidad de decir NO. Estaba siempre
dispuesto a ayudar, a pesar de saber que no siempre esto
era lo correcto. En muchas ocasiones prefería ver sufrir a
mi familia antes que a los demás. No podía enfrentar la realidad. Siempre hacía lo que querían los demás y, para poder

desahogar mi frustración, me desquitaba con mi familia. Actuaba violentamente y destruía las cosas en mi casa, intimidando a mi esposa y mis hijos.

Después de empezar a recibir ayuda profesional, comencé a comprender que para poder ayudar a los demás, en especial a los más cercanos a mí, tenía que conocerme a mí mismo. A los cuarenta y cinco años de edad me era muy difícil creer que durante toda mi vida había sido víctima de todos estos abusos.

Capítulo I

Nací en 1947, en Cumbal, un pequeño pueblo en la cordillera de los Andes al sur de Colombia. El pueblo tiene un hermoso paisaje, especialmente por el volcán Cumbal y su laguna. Se le conoce como La Nevera, debido a su clima. Cuando nací había terrorismo en Colombia. Los colombianos la llamaban "La Violencia". Los partidos políticos, Liberal y Conservador, eran la causa del terrorismo en el cual mi padre jugaba un papel político importante. En varias ocasiones fue elegido alcalde de Cumbal representando al partido Liberal. Cuando nací, mi papá tenía sesenta y dos años y mi mamá treinta y dos. Mi padre se casó en dos ocasiones. Su primera esposa había fallecido. De su primer matrimonio tengo tres medias hermanas. Del segundo matrimonio tengo tres hermanos y una hermana: Tony, Sofía, Ernesto y Pablo. Cuando mi papá falleció tenían 17, 15, 13 y 11 años de edad respectivamente. Yo tenía 9 años.

Entre 1946 y 1953 fueron los años de mayor violencia en la historia de Colombia. Por supuesto, la gente inocente sufría las consecuencias. Se registraron muchos daños: niños que perdieron a sus padres y familiares; gente que había perdido sus casas; más de 300,000 personas murieron.[1] En 1947 un nuevo alcalde conservador había sido elegido en Cumbal. Debido a la afiliación de mi padre con el partido liberal, estábamos en constante peligro de ser asesinados por los conservadores. En Cumbal todos se conocían entre sí. Durante el día todo el mundo iba a sus quehaceres y se hablaban cordialmente como si nada estuviera pasando. Algunos líderes del partido conservador eran amigos de mi padre, o estaban relacionados con nosotros, porque uno de ellos era el padrino de uno de mis hermanos. Pero algunas noches los conservadores se reunían en la plaza municipal con tambores, címbalos, cohetes y piedras. Se emborrachaban y discutían las últimas novedades que llegaban de Bogotá. Debido a que no había electricidad en Cumbal en esos tiempos, el único radio que había en el pueblo funcionaba con una planta portátil que operaba con gasolina. Los liberales no sabían lo que podía ocurrir. La gente se moría de miedo. Algunos abandonaron para

---

[1]*Daily Herald, Hoffman Estates, IL.* Jueves, Mayo 6, 1993. "Los peores años de violencia en Colombia fueron entre 1946-53, cuando los partidos liberal y conservador dividieron a la nación dejando una huella de sangre y un estimado de 300 mil personas muertas".

siempre el pueblo, mientras que otros se quedaron. Esta situación era peor que durante la elección presidencial, que usualmente acarreaba actos de violencia.

Tan pronto como las elecciones terminaban, los miembros del partido conservador esperaban a que cayera la noche para empezar a lanzar piedras a las casas de los miembros del partido liberal. Una de las primeras casas en ser apedreada era la nuestra, porque mi padre representaba un papel muy importante en la arena política y nuestra casa quedaba cerca del edificio municipal. Estas apedreadas a nuestra casa se repetían cuando el abuso se vuelve adicción. Cuando mi familia se enteraba de que iba a haber violencia, huíamos del pueblo y nos escondíamos en las montañas. A veces teníamos que salir a media noche. En algunas ocasiones teníamos que quedarnos escondidos por algunas noches hasta que la violencia pasara. Cuando la situación política se ponía peor cruzábamos la frontera de Colombia y Ecuador para protegernos de nuestros enemigos. La única manera de darnos cuenta de que la violencia iba a ocurrir era a través de un familiar o un amigo. Algunas veces nadie sabía nada, y cuando comenzaban a balacear o a tirar piedras, yo empezaba a temblar y a llorar. Mi mamá solía calmarme llevándome corriendo hacia el patio de atrás y me daba de amamantar.

Desde 1949, comencé a sufrir desmayos y serias convulsiones. De acuerdo con el diagnóstico médico, la

alimentación materna era la causa, debido a que mi madre
lo hacía cuando estaba asustada y muy nerviosa. El doctor
dijo que las convulsiones iban a parar cuando creciera. Continué sufriéndolas hasta los seis años. Pero algunos de los
síntomas no desaparecieron jamás. Por ejemplo, ya de adulto,
tenía miedo de estar solo en la casa, especialmente cuando
me bañaba o durante la noche.

Durante los primeros años de mi niñez, fui muy infeliz.
No me acuerdo haber recibido ninguna demostración de
amor o cuidado de ninguno de mis padres. Fui criado por
una sirvienta, que me dio amor y cuidó de mí. Mi padre
estaba muy viejo y enfermo para darme atención o amor.
Mi mamá estaba muy ocupada cuidando a mi padre, a su
propio padre y a un tío de mi padre, todos de edad avan-
zada, por lo tanto, ella no tenía tiempo para cuidar de mí.
Creo que también la razón por la que mi madre no me podía dar amor o cuidar de mí era porque había sido aban-
donada de niña. Su mamá la había abandonado cuando ella
tenía diez años, con sus otros hermanos; dos mayores que
ella, y un menor de 6 años.

Cuando mi abuela la abandonó, ella se fue a vivir con su
familia. Eran muy adinerados y vivían en el pequeño pueblo de Timbio, en Cauca, a unos 400 kilómetros de Cumbal. Debido a que mi abuelo tenía que viajar mucho para
comprar y vender mercancía en diferentes pueblos, mi madre

se convirtió en la jefa de la casa a muy temprana edad. Ella tomó a su cargo las obligaciones de una ama de casa. Una sirvienta le enseñó cómo hacer el trabajo de casa.

Cuatro años después de la partida de mi abuela, ella manda al señor Oñate, su primo, a Cumbal a traer a uno de sus hijos, Fidel, que en ese entonces tenía dieciocho años, para que trabajase para que ella pudiera sobrevivir. Tirso, su hijo menor, que tenía diez años, se escapa de la casa siguiendo a su hermano mayor, Fidel, sin que nadie note su ausencia. Cuando él ya estaba como a 9 kilómetros de distancia, Fidel se da cuenta que Tirso estaba detrás de él. En aquellos años no era fácil encontrar un carro. El transporte se hacía caminando o a caballo, razón por la que no quería llevarlo de regreso. Tampoco lo podía dejar ahí solo, por lo que decidió llevarse a Tirso con él.

Mi abuela vivió con ambos hasta que mi tío Tirso fue lo suficientemente mayor para vivir por sí solo. El señor Telmo Oñate, primo de mi abuela, le dio a Tirso un taxi para que lo manejase. Mi abuela y mi tío Tirso se mudaron para una ciudad más grande, llamada Buga, en la región del Valle. En Buga, Tirso trabajó muy duro como chofer para poder sobrevivir. Nunca se supo la razón por la que mi abuela abandonó a mi madre y a sus tres hermanos, pero yo creo que la culpa fue de mi abuela. Mi abuelo fue a Timbio en muchas ocasiones para convencer a mi abuela de que regresara con sus hijos, que sus hijos la necesitaban, pero ella nunca lo hizo. Cuando mi abuelo se estaba muriendo, mi abuela regresó a su pueblo natal para pedir perdón a su esposo, pero mi abuelo no quiso ni verla. Él murió sin perdonarla.

De mi padre, recuerdo que era muy estricto y que estaba muy enfermo. Vomitaba mucha sangre con frecuencia. Todos presenciábamos esta escena. La impresión de ver estas imágenes nos dejaban temblando, asustados y sintiendo mucha pena por nuestro padre. Otro recuerdo que tengo presente de mi padre es la imagen de ver a mi hermano mayor atado a un poste y siendo fuertemente azotado por mi padre. Estas imágenes provocaron en mí el temor a mi padre y un sentimiento de tristeza por mi hermano.

En 1955, cuando tenía siete años, yo era monaguillo de la Iglesia Católica. Los sábados había una congregación de curas y misioneros. Ellos usualmente venían a recaudar fondos para las iglesias en los diferentes pueblos. Debido a que el domingo era el día de la feria y que venía mucha gente de distintos lugares, se hacía la colecta ese día.

Un sábado en la noche uno de los curas y uno de sus amigos me invitaron a ir con ellos a una calle desolada. Yo era muy joven y confiado y me fui con ellos. Me dieron de beber mucho ron y después los dos abusaron sexualmente de mí. En otra ocasión, volvieron a emborracharme y nuevamente abusaron sexualmente de mí. Estas son las dos ocasiones en las que recuerdo claramente haber sido abusado sexualmente por estos curas, pero creo que éstos no fueron los únicos incidentes. Yo no sé cuántas veces esto pudo haber ocurrido. En mi mente y en mis sueños viví este horror cuando el abuso se vuelve adicción. Nunca mencioné a nadie estos incidentes, pensaba que era una cosa normal. Ni por casualidad intenté decirle a mi padre algo de esto, por temor a que me pegara en la misma forma brutal que lo hacía con mi hermano mayor, Pablo.

Guardé este secreto hasta los cuarenta años de edad. La primera persona en saberlo fue Carmen, mi esposa. Aún hasta este mismo momento no comprendo porqué mis padres nunca notaron nada raro en mí. Ellos debieron haber sabido que algo no andaba bien conmigo. Siempre llegaba tarde, especialmente los sábados y cuando llegaba a casa, era de noche y estaba borracho. Lo único que recuerdo es que llegaba a casa. ¿Qué hora era? ¿Quién me abría la puerta? ¿Me hacían alguna pregunta? ¿Quién sabe? Yo no lo sé. Otra cosa que recuerdo es que cada vez que regresaba a casa lloraba y lloraba hasta que me quedaba dormido. Estoy consciente que estos abusos marcaron el camino de mi vida futura...

Durante los años de 1956 y 1957, mi padre cayó seriamente enfermo. Él sufría de úlceras estomacales y venas varicosas. Sus venas varicosas explotaron y se le hicieron úlceras en la pierna. Las úlceras se pusieron peor se infectaron y esto provocó gangrena. Mi padre fue trasladado a Tulcán, en Ecuador, para hospitalizarse y recibir atención médica. Mi media hermana mayor vivía en Tulcán y mi madre permanecía allí mientras mi padre estaba hospitalizado. Finalmente le amputaran la pierna a mi padre.

En ese entonces, mi padre tenía setenta y dos años. Nos habían dejado en la casa a mis hermanos y a mí esperando que mis padres regresaran del hospital. Pasaban los días y las noches, había transcurrido mucho tiempo y no regresaban, y yo ya estaba desesperado. Quería ver a mi padre. Sabía que mi madre le había dicho a mi hermano mayor, Ernesto, que le llevara algunos víveres a la casa de mi media hermana mayor. Era tradición de mi padre enviarle víveres a mi media hermana. Para poder llevar esta remesa, mi hermano tenía que montar a caballo. Muy temprano en la mañana, le dije a mi hermano: "Quiero ir contigo para ver a mi papá". Él estuvo de acuerdo. Me dijo que me esperaría en la casa de mi tío, que estaba a dos cuadras de distancia de la nuestra. Cuando llegué a la casa de mi tío, mi hermano se montó en el caballo, puyó el caballo con sus espuelas y al irse me gritó sobre su hombro: "corre y alcánzame para que puedas montar a caballo tú también".

Corrí tan rápido como pude pero no logré alcanzarlo, hasta que finalmente lo perdí de vista. No me esperó. Seguí caminado hasta llegar al pueblo donde mi padre se encontraba hospitalizado. Estaba bastante lejos como para caminar solo a la edad de nueve años. Eran 20 millas aproximadamente.

Ahora me doy cuenta que caminar de Cumbal hasta Tulcán no fue fácil. Hubo mucho coraje de mi parte para llegar hasta allá. Primero tuve que atravesar un valle inmenso llamado El Llano. Hacía mucho viento. Se necesitaba una vestimenta adecuada para protegerse los brazos y la cara del fuerte viento. El llano estaba rodeado de montañas; era una clara y hermosa mañana. Cuando miré hacia atrás para ver lo lejos que me encontraba de mi casa, pude divisar, a la distancia, el imponente volcán Cumbal cubierto de hielo. Me iba acercando hacia dos ríos, el primero no era tan ancho como el segundo. Tuve que quirarme los zapatos y pisar sus heladas aguas para poder cruzar. Después de los ríos, encontré una hacienda muy grande llamada Chautala, donde podía escuchar los ladridos de unos perros, que eran peligrosos, de acuerdo con los comentarios que se hacían en el pueblo. Nada de esto me importaba; no iba a detenerme en mi intento de ir a ver a mi padre.

Después de que pasé el llano, los ríos y la hacienda, el camino se fue convirtiendo en un estrecho sendero que ascendía, luego descendía profundamente para volver a ascender. Caminaba temblando, miraba a mi alrededor para ver si era seguro el poder continuar. En algunas ocasiones podía divisar a lo lejos una que otra casa a lo largo de extensos sembríos de cebada y de papas. Caminé en medio de vacas que pastaban, de perros ladrando, pero, sobre todo esto, las altas montañas dominaban el escenario. Para poder cruzar la frontera con Ecuador, tenía que cruzar un río mucho más caudaloso llamado El Carchi. Me senté a la orilla a esperar que alguien me ayudara a cruzarlo. Después de un rato, vi a un hombre montado a caballo cruzando el río, que venía en dirección hacia donde yo estaba. Pensé que probablemente venía de Tulcán. Cuando le expliqué que necesitaba cruzar el río, me ayudó muy cordialmente, me montó en su caballo y volvió a cruzar el río Carchi. Al otro lado del río desmonté del caballo, le agradecí su amabilidad y continué mi rumbo.

Finalmente, comencé a ver carros, casas, y, por supuesto, mucha gente. Al fin había llegado a Tulcán. No sabía por dónde ir. A pesar de que Tulcán era una ciudad pequeña en ese entonces, para un niño de nueve años se veía inmensa. Estaba asustado. Le pregunté a un hombre si sabía donde vivía mi media hermana. Resultó ser que este hombre era un amigo cercano de mi cuñado. Me tomó de la mano y me llevó a la esquina y me indicó cuál era la casa donde vivía mi media hermana. Cuando llegué, descubrí que toda su familia vivía en un cuarto pequeño. No fue fácil para mí quedarme ahí, pues ya había cinco personas viviendo en ese cuarto. A pesar de que su esposo trabajaba para el gobierno, mi media hermana era muy pobre. La casa donde vivía pertenecía a su cuñado, que era una persona adinerada y que les había dado ese cuarto para que vivieran.

En aquellos años los hospitales prohibían que los niños fueran a visitar a los pacientes. Yo quería desesperadamente ver a mi padre, por lo que le pedí a mi prima Esther, de quince años, que me ayudara a entrar al viejo hospital. Los corredores estaban desolados y fríos, se respiraba una atmósfera deprimente. Estaba petrificado. Vi a unas monjas caminando con sus largos hábitos por los corredores. Escuchaba pacientes gritar, me imagino del dolor. Caminando en puntillas y escondiéndome de las monjas, crucé el pasillo. Me parecía interminable aquel corredor. Finalmente, llegué al cuarto de mi padre y entré. Desde la lejana esquina de su cama lo miré, temeroso de que pudiera enojarse conmigo por haber ido al hospital sin su permiso. Cuando mi padre me vio, comenzó a llorar, no podía articular palabra. Me miró con una expresión triste. Trataba de decirme algo, pero no podía. Yo tampoco podía decir nada. Un rato después me di cuenta que mi mamá estaba en el cuarto junto a él. Estaba sorprendida de verme ahí. Nunca olvidaré esa imagen. Me parece que fue ayer. Alguien me dijo que tenía que salirme del hospital pues ese no era un lugar para niños. Mientras iba saliendo del cuarto de mi padre, él continuaba mirándome fijamente. Su cara estaba triste y sus ojos llenos de lágrimas. Salí del hospital y fui a la casa de mi media hermana, pensando que repetiría la visita al día siguiente. Esa fue la última vez que vi a mi padre con vida.

Mi padre se había sentido mucho mejor antes de mi arribo aquel día, 4 de septiembre de 1957. Lo iban a dar de alta para que se fuera a casa al siguiente día. Ese mismo día, alrededor de las 10:00 de noche, un mensajero del hospital vino y nos comunicó que el estado de mi padre se había agravado, que estaba muy enfermo. Me levanté temblando. Mi media hermana, con una expresión de maldad, me dijo que era mi culpa, que mi padre se había empeorado debido a que había ido al hospital. Me sentí miserable de que mi padre hubiera empeorado por mi culpa.

Desde ese instante, mi padre nunca más se levantó. Falleció el 5 de septiembre de 1957 a las 11:05 de la mañana. Después de su muerte, mi media hermana me repitió otra vez que era por mi culpa que mi padre había muerto. Mi padre se estaba recuperando e iba a ser dado de alta para regresar a casa al siguiente día, pero imprudentemente, yo fui a verlo al hospital, él me vio y eso fue toda la causa para que él dejara de existir. Yo pensaba que había matado a mi papá. Me tomó mucho tiempo poder ver las cosas de una forma diferente. La última imagen de mi padre se repetía en mi mente, lo recordaba todos lo días. Desde aquel 5 de septiembre hice la promesa de que iba a trabajar muy fuerte para ayudar a mantener a mi familia.

Después de la muerte de mi padre se presentaron muchos problemas. En primer lugar, mi madre y mis tres medias hermanas estaban en desacuerdo sobre el testamento que había dejado mi padre. Mis medias hermanas querían todo y finalmente lo lograron: se llevaron hasta las ollas y las sartenes. Mi madre no peleó por sus derechos y sus bienes. Para poder pagar la cuenta del hospital, se vio forzada a vender la finca, a excepción de dos pequeños terrenos y algunos animales. De ahí en adelante mi madre tuvo que luchar para sobrevivir y mantener a sus cinco hijos.

Era una pesadilla para mi madre empezar de nuevo. No tenía dinero, ni comida para alimentar a sus hijos. Comenzó a padecer ataques de ansiedad y frecuentemente se desmayaba. Se pasaba los días llorando con desesperación porque no sabía qué hacer al día siguiente. Dos sirvientas se quedaron con ella, los demás se marcharon. Después de la muerte de mi padre sufríamos mucho al ver llorar a mi madre, al ver el caos en el que estaba mi familia, me sentía impotente y culpable por no poder ayudar a mi madre. Yo era el responsable de la muerte de mi padre y ahora mi madre estaba sufriendo las terribles consecuencias. Quería hacer lo posible por ayudarla pero no sabía cómo. La única cosa que podía hacer en ese momento era sentir pena por ella y abrazarla.

Capítulo II

Un nueva forma de vida comenzó para nuestra familia ahora que no teníamos dinero. Algunas amistades y familiares se alejaron de nosotros, a excepción de la hermana de mi padre, mi tía Patricia. Su relación con mi padre había sido excelente. El día que mi mamá y mis medias hermanas discutieron por el testamento de mi padre, ella fue la única persona que ayudó a mi madre y, por ende, a nosotros. Les dijo a mis medias hermanas que nos dejaran en paz y que éramos muy pequeños como para que nos despojaran de todo. Desde ese entonces mi tía se volvió como nuestra segunda madre. Ella era muy pobre, pero cuando la visitábamos nos daba de comer y nos trataba con respeto y dignidad. Por el contrario, el resto de nuestros familiares, cuando llegábamos a sus casas a la hora del almuerzo o de la merienda, corrían a tapar sus ollas.

Mi tía sufrió mucho porque su esposo tomaba mucho, era muy grosero y perverso. Se gastó toda la herencia que los padres de mi tía le habían dejado. Sin embargo, ella tuvo el apoyo de un par de sirvientes: Elisa y Juan, que eran hermanos, no recibían ningún pago por sus servicios. Por el contrario, ellos le ayudaban a mi tía con el gasto de la casa trabajando. Elisa tejía colchas y ponchos de lana, y el tío Juan trabajaba con su carreta (acostumbrábamos llamarle "tío" porque era una muy buena persona con nosotros). Mi tía los había criado desde que eran pequeñitos y ellos permanecieron junto a ella hasta que falleció.

De acuerdo con Elisa, el esposo de mi tía llegaba a la media noche, borracho, y tiraba a la calle a mi tía, su hijo pequeño y a ellos dos, Elisa y Juan, después de que los golpeaba. Elisa nos decía que entonces ellos se refugiaban en la escuela que quedaba al cruzar la calle hasta el amanecer. Cumbal es un pueblo muy frío; durante la noche la temperatura bajaba entre 0 y 10 grados. Puedo imaginármelos tiritando y juntándose entre ellos para abrigarse un poco en medio de las paredes frías de esa escuela. Mi tía nunca le dijo nada de esto a mi padre o a alguien más.

Mi tía ayudaba a su esposo, una persona áspera e ignorante, a ser aceptado por su familia y la sociedad. Por otro lado, mi familia miraba a mi tía como una persona admirable y respetable. Ella fue una mujer muy inteligente, nos daba buenos consejos, y jugaba un papel muy importante en la política del pueblo. Cuando falleció, perdimos a una persona que era el apoyo y confidente de mi madre y que nos daba su amor y cariño.

Nosotros teníamos algunos amigos adinerados que tenían juguetes caros, pero no nos dejaban jugar con ellos. El hermano de uno de mis amigos contrajo matrimonio y me invitó a su casa para la boda. Después de la ceremonia, la gente bailaba y tomaba. No me permitieron entrar a la sala, así que miré la fiesta desde el patio. A la hora de la cena, los invitados se sentaron a la mesa cubierta de coloridos y aromáticos platos. Yo estaba ansioso por servirme algo de aquella maravillosa comida, pero tampoco fui invitado a la mesa. Mi amigo me ignoró por completo. Me senté en una esquina del patio hasta que la mamá de mi amigo me puso en un plato viejo un poco de comida, me llevó de la mano y me sentó en el piso del garaje a comer solo. Pensé que yo no merecía estar en la mesa junto con las demás personas.

Cuando tenía once años y estaba en cuarto año, vino un cura desde Pasto a mi escuela ofreciendo dos becas para estudiantes que tuvieran excelentes calificaciones. Uno de mis amigos y yo obtuvimos las becas para ser transferidos del cuarto grado a la secundaria del seminario. Cuando las clases estaban a punto de comenzar, las becas fueron repentinamente canceladas sin ninguna explicación. Debido a que mi familia no podía pagar una colegiatura tan cara, tuve que regresar a la escuela que normalmente asistía. Mi amigo, pudo quedarse en el seminario porque su familia sí podía pagar la colegiatura. En ese momento pensé que no tenía esperanza para el futuro.

Mis hermanos Ernesto y Pablo comenzaron a trabajar para ayudar a mi madre a sobrevivir. En este pueblo encontrar un trabajo que pagara lo suficiente para vivir era muy difícil. Cumbal era reconocido como un productor de papas. Las papas eran enviadas en camiones a otras ciudades en el norte del país y mis hermanos trabajaban cargando camiones día y noche. Les pagaban como 50 centavos por cada camión. Finalmente mis hermanos aprendieron a manejar y comenzaron a trabajar como choferes para dos de nuestras tías, que eran muy pudientes y tenían carros privados. Por supuesto, mis hermanos no eran tratados como familia; ellos eran solamente los choferes. Delante de las demás personas mis tías no reconocían a mis hermanos como sus sobrinos. A la hora del almuerzo o de la merienda, tenían que comer con los sirvientes. Cuando mi tía salía a comer afuera, mis hermanos no entraban al restaurante; tenían que comer en el carro. Creo que se avergonzaba de presentar a mis hermanos como sus sobrinos. Hasta hoy, yo no puedo entender porqué ella actuaba de esa manera. Mi madre fue la única que cuidaba de su padre todo el tiempo pues él vivía en casa con nosotros.

Mi padre nos dejó un pedazo de tierra alejado de Cumbal, más o menos a unos 9 kilómetros, o como a 6 y media millas. Tal vez esto no suena como muy distante, pero la única forma de llegar allá era a caballo o caminando. Mi madre tenía la costumbre de levantarse a las cinco de la mañana y solía caminar hasta el terreno. Se quedaba allá todo el día cultivando o cosechando las tierras. Recuerdo ver a mi madre acercándose lentamente hasta la casa con su paso lento y cansado alrededor de las siete de la noche. Esta fue su rutina diaria por mucho tiempo.

Mi hermano Ernesto fue llamado a prestar el servicio militar. Mi pobre madre trató de evitar por todos lo medios que se lo llevaran, pero todos sus esfuerzos fueron inútiles. La única manera de lograrlo era pagando una fuerte cantidad de dinero que no teníamos, por lo tanto no hubo nada que ella pudiera hacer. Sólo los familiares de los jóvenes cuyos padres tenían la posibilidad de pagar esa cuota se libraban de prestar el servicio militar. Mi hermano tuvo que partir, dejando a mi madre con el corazón destrozado. Para poder ayudar a mi madre con las necesidades de la casa, mi hermana comenzó a trabajar. Ella tejía ropa en una máquina portátil y luego la vendía en el pueblo.

Cuando mi hermano Ernesto regresó del servicio militar se fue a vivir a Pasto a la casa de mi cuñado y comenzó a trabajar como chofer para él. Como era de esperarse, mi cuñado se aprovechaba de mi hermano haciéndole trabajar largas horas, de seis de la mañana a once de la noche todos los días, excepto los domingos.

Finalmente Ernesto obtuvo la visa para viajar a Estados Unidos. Una vez allá, mi hermano comenzó a enviarle dinero a mi madre todos los meses, por lo que las cosas empezaron a mejorar. Mi hermano nunca dejó de enviarle dinero, religiosamente, mes tras mes.

Abandoné mi pueblo a los doce años de edad y me fui a hacer la secundaria a Pasto, una ciudad más grande. En ese entonces, la mayoría de las escuelas de secundaria eran privadas. Afortunadamente, el gobierno subsidiaba parte de la colegiatura con becas y mi madre pagaba solamente la diferencia.

Al inicio de mi estadía en Pasto, me hospedaba en la casa de otra de mis medias hermanas, por lo que la casa y la comida eran gratis mientras viví con ella. Un día, mientras estábamos sentados a la mesa almorzando, sufrí un incidente muy desagradable. Estaba sentado a la mesa con ellos cuando llegó a visitarlos un amigo de la familia, un hombre de mediana edad. Dirigiéndose hacia mí preguntó: "¿Por qué tienen a este cerdo sentado en su mesa?" Inmediatamente me puse muy nervioso y traté de salir corriendo, pero mi cuñado me detuvo, me dijo que me tranquilizara y que siguiera comiendo. Cuando terminamos de almorzar, salí de la casa y lloré inconsolablemente. Ahora más que nunca creía que yo no merecía sentarme a la mesa junto con las demás personas. A pesar de los pocos recuerdos que tenía de mi padre, me hacía mucha falta. Sabía que si él estuviese todavía vivo, las cosas hubieran sido muy diferentes para nosotros, pero me encontraba solo, sin su apoyo.

Mi cuñado tenía un taller de electromecánica y a veces lo visitaba. En una ocasión conocí a un amigo suyo, un hombre de alrededor de cincuenta años que tenía un taxi. En algunas ocasiones, este hombre, me invitaba a subir a su carro a escuchar la radio. Una tarde, mientras caminada a la casa, este tipo me encontró en la calle y me preguntó si quería acompañarlo a recoger unos pasajeros. Acepté. Manejó hacia las afueras de la ciudad, me llevó hacia un lugar desolado, y luego abusó sexualmente de mí. Después de este incidente, trataba de evitar encontrarme con él. Dejé de frecuentar el taller de mi cuñado. Debido a que no tenía dinero para el autobús, usualmente caminaba del colegio a la casa de mi media hermana y había ocasiones en que este tipo me seguía. En una de estas ocasiones me forzó a entrar en su departamento y, después de emborracharme, una vez más abusó sexualmente de mí.

Permanecí en la casa de mi hermana por alrededor de seis meses. Luego me fui de su casa y alquilé un cuarto. El cuarto era pequeño, con piso de tierra y era muy húmedo. Virginia, la sirvienta que me había criado, vino a cuidar de mí. Ella cocinaba y lavaba mi ropa. Por supuesto, no cobraba por sus servicios. Aunque el cuarto era muy pequeño para dos personas, y no era tan cómodo como la casa de mi hermana, nos quedamos ahí por seis meses. Luego nos mudamos a otra casa donde las condiciones eran mucho mejores: por lo menos la cocina quedaba fuera del dormitorio. La dueña de la casa se llamaba Clemencia, una mujer de mediana edad. Su esposo era paralítico y estaba acostado todo el tiempo. No creo que haya estado físicamente enfermo, pero creo que tenía una profunda depresión. No quería hacer nada. Clemencia era muy mala con él. Le insultaba todo el tiempo y le reprochaba que no quería hacer nada por sus dos hijos. Tenía una vida miserable, se la pasaba llorando y decía que se quería morir. Solía decir que su esposa era una mujer muy mala. Yo estaba de acuerdo y sentía lastima por él.

Un día, muy temprano en la mañana, Clemencia entró en mi cuarto y le pidió a Virginia que le lavara un poco de ropa. Miró hacia fuera para asegurarse de que Virginia había salido, luego entró y aseguró la puerta, se quitó la ropa y comenzó a tocarme. Después ella tuvo relaciones sexuales conmigo en muchas ocasiones. Ésa fue la primera vez que estuve con una mujer. Durante toda mi vida, no he vuelto a tener la misma experiencia sexual como la que tuve con esta mujer. Ella me hacía sentir poderoso. Sin embargo, de acuerdo con mi psicólogo, esta mujer abusó de mí sexualmente porque en ese entonces yo tenía solamente trece años.

Debido a que mi madre no tenía cómo pagar parte de la beca, estábamos siempre atrasados con los pagos. Finalmente, me retiré del colegio y comencé a trabajar como mensajero en una farmacia. Trabajé ahí por seis meses. Mientras trabajaba en la farmacia, conocí a un hombre que me dijo que su hermano era el gerente de personal de una compañía mejor que la farmacia, que debía ir allá y solicitar un empleo. Fui y el gerente de personal me dijo que por el momento no tenían vacantes, pero que iba a mantener mi solicitud en su archivo y que tan pronto supiera de algo me llamaría. Mientras tanto, trabajé en un almacén de automóviles por unos tres meses. Al fin el gerente de personal de la compañía me llamó para una entrevista. Cuando fui a la entrevista, me tocó las manos muy delicadamente y me invitó a una taza de café. Mientras estábamos en la cafetería, trató de besarme. Me ofreció el trabajo de vendedor, si yo le probaba respeto y obediencia. Creo que tenía treinta y cinco años, yo tenía quince. Necesitaba el trabajo para mantenerme y ayudar a mi familia. Una vez más me encontré en una situación en la que el gerente de personal se aprovechó de mí.

Sin embargo, este hombre se portó como un padre para mí. Me aconsejaba y me presentó a su familia, incluyendo sus dos hermanas, quienes me querían realmente, o por lo menos eso era lo que yo creía. Ellos me daban de comer, me querían y, lo que era más importante, me escuchaban. Me volví parte de su familia. Pasaba con ellos las Navidades y otras ocasiones especiales. Pero tenía que pagar un precio muy alto por todo esto: él abusaba de mí sexualmente.

Después de un tiempo empecé a salir con una muchacha llamada Mercedes. Me había enamorado de ella y la vida se me hacía mucho más clara. Me sentí maravillosamente contento por unos pocos meses que pasé con ella. Mercedes fue mi primer amor. Fueron unos momentos muy felices de mi vida. Íbamos a diferentes lugares en la ciudad y frecuentemente ella me escribía poemas. Mercedes recitaba en los teatros. En una ocasión tuvo que hacer una presentación en uno de los teatros y, allá, enfrente de todo el mundo, me dedicó un poema llamado, *La casería del olvido*.

Un día me contó que había un profesor que la estaba cortejando, pero que a ella no le gustaba, que era muy feo, repulsivo y que, sobretodo, era mucho mayor que ella. Una noche, cuando fui a visitarla, me comentó que se iba a un convento y que nuestra relación tenía que terminar. Dos meses más tarde descubrí que ella se había casado con el profesor. Yo estaba muy dolido y comencé a dudar de mí

mismo. No sabía si era homosexual o heterosexual. No tenía a nadie con quien hablar acerca de mis problemas. El
gerente de personal me escuchaba, pero yo estaba bajo su
control. Él siempre quería favores sexuales a cambio. Un
día le dije que se fuera al demonio. Desde ese entonces comencé a tomar mucho y empecé a frecuentar prostíbulos,
para probarme a mí mismo y para tratar de descubrir quién
era yo realmente.

Al mismo tiempo, fui despedido de mi trabajo y acusado
de ladrón. A pesar de que nunca tomé nada de la compañía, el
gerente general no me creyó. El gerente de personal no me
ayudó. Me ignoró por completo e incluso me acusó también.
Les dije que era inocente pero nadie me creyó.

Continué con mis borracheras. Después de unos meses,
encontré un trabajo que requería que me mudara a Bogotá,
y así lo hice. Trabajé para una compañía cerca de tres meses, pero fui despedido porque me ausentaba demasiado.
No podía dejar mi hábito de tomar. Tenía un primo rico
que le gustaba tomar mucho también. Mi primo generalmente pagaba los tragos. Vivía de día en día. Un día me
quedaba con un amigo, al otro día con otro, y así la iba
pasando. En muchas ocasiones dormía en las calles. Finalmente, después de un año de vivir en Bogotá bajo
condiciones deprimentes, decidí regresar a Pasto. Me enteré que mis jefes habían descubierto que la acusación por la

que me habían despido era falsa. El cliente que me acusó fue a confesarse con un sacerdote y le dijo que me había acusado de vender mercadería sin registrarla en la caja y que me quedaba con el dinero porque quería que me despidieran. El sacerdote a su vez fue a decirle al gerente general lo que escuchó en confesión. El gerente general me llamó, me pidió una disculpa, y me ofreció un trabajo en un futuro.

Cuando mi hermano Pablo tenía 17 años, sufrió un terrible incidente. Un domingo en la noche estaba manejando un camión cuando, al dar una vuelta, golpeó a alguien. El hombre cayó, pero se levantó inmediatamente y se fue a su casa. Momentos más tarde el hombre empezó a quejarse de dolor y su familia lo llevó a un hospital en Pasto, cerca de 100 kilómetros de Cumbal. De acuerdo con las personas que viajaban acompañándolo, él no se quejó más de dolor. A mitad del camino, dijo que le gustaría dormirse. A unos 15 kilómetros antes de llegar a Pasto, sus familiares lo trataron de despertar y no respondió. El hombre estaba muerto. Uno de los primos del fallecido, que viajaba con él, era amigo de nuestra familia. Cuando nuestro amigo me encontró y me contó lo ocurrido la noche anterior, me dijo que debería ir a Cumbal a contarle a mi familia y decirle a mi hermano que se escapara. Mi hermano Ernesto fue en mi lugar para informarle a mi familia acerca de esta tragedia. Debido a que ellos no sabían cómo iba a reaccionar la otra familia, mi familia concluyó que la mejor solución sería que mi hermano huyera. Mi madre mandó a Pablo al Ecuador en compañía de mi hermano Ernesto. Este incidente dejó un tremendo impacto en nuestra familia, especialmente en mi madre. Nos parecía que nuestros problemas jamás se iban a terminar. Nunca supe cuánto tiempo Pablo estuvo en el Ecuador. Sin embargo, mi madre tuvo el coraje de traer a mi hermano a nuestro país y entregarlo a la ley para que fuera juzgado. Este acto fue una muestra de admiración de parte de mi madre y a la vez de Pablo. Mi hermano tuvo que ir a la cárcel y pagar por lo que había hecho. Para defenderlo, mi madre tuvo que pagar 500 pesos al abogado, equivalente a cinco dólares, pero para ella esto representaba una gran suma de dinero. Pablo estuvo encarcelado por casi un año. Solíamos visitarlo en este depresivo lugar cada fin de semana. Ernesto iba a verlo todos los días para llevarle el almuerzo.

En 1963, mi hermano Ernesto, Virginia y yo vivíamos con mi media hermana. Mi cuñado me preguntó si quería mudarme al edificio donde él vivía. Tenía dos cuartos disponibles en la terraza. No lo pensé dos veces. Virginia y yo nos mudamos de inmediato. A medida que el tiempo iba pasando, la familia de mi cuñado comenzó a delegar a Virginia quehaceres domésticos y su actitud hacia mí fue cambiando. Finalmente Virginia terminó siendo la sirvienta de ellos. Mi hermano Ernesto viajó a Estados Unidos.

A los diecisiete años, no tenía dinero ni trabajo para sobrevivir solo en Pasto. Decidí entonces regresar a Cumbal. Mi situación iba de mal en peor.

En Cumbal todo lo que hacía era embriagarme. Mis amigos, de la misma edad que yo, se escondían de mí porque no tenía dinero con qué comprar alcohol y siempre estaba bebiendo a sus costillas. Mi problema de alcoholismo era tan extenso que no tenía vergüenza de ir a las cantinas. Si no encontraba a ninguno de mis amigos, me sentaba en cualquier mesa en busca de que algún extraño me comprara un trago. En ocasiones me ponía a beber con gente mayor o empleados del gobierno, como jueces, o maestros que venían de otros pueblos. Nos reuníamos a hablar, generalmente de política. Los escuchaba y a la vez bebía gratis. Para poder mantener mi vicio, tenía también un amigo que era maestro, que pagaba por nuestras borracheras. Falleció a la edad de 58 años de una insuficiencia en el hígado, causada por el consumo de alcohol. Mi madre lloraba y me decía en muchas ocasiones que no anduviera con él. De hecho, fue a hablar con él para pedirle que me dejara en paz, que era vergonzoso y una mala influencia para mí, pues él tenía 36 años y solo tenía 17.

Mi hermana Sofía solía darme dinero para cigarrillos y otros pequeños gastos, pero me lo gastaba todo en licor. En otras ocasiones robaba dinero a mi madre, mi hermana o amigos para mantenerme en el vicio o para impresionar a las muchachas. Mis amigos solían llamarme "el pipero". En mi país un pipero es alguien que bebe todo el día en las tabernas de bajo nivel o en las calles.

En la temporada de lluvia, mi pueblo siempre estaba lleno de lodo porque no había pavimento en las calles. Un día fui a beber con mis amigos y me emborraché demasiado. Estaba lloviendo y me resbalé en el lodo, me caí y me fracturé la rodilla. La gente del pueblo fue hasta mi casa a comunicarles que me había caído y que estaba desmayado en medio del lodazal. Mi madre no sabía cómo llevarme a la casa. Fue en busca de mi tío Juan. Esperó a que cayera la noche para llevarme a la casa en su vagón. Cuando me desperté al día siguiente, empecé a gritar del dolor. Mi madre fue en busca de una mujer que curaba huesos fracturados. Ella vino hasta mi casa, me estiró la pierna tan fuerte que casi me desmayé. Luego me puso unas hierbas en la pierna y me ordenó que me quedara en casa y descansara. Debido a que no tenía muletas, me hicieron una especie de bastón para ayudarme a caminar. Ni siquiera la pierna rota me detuvo en la casa. Continué bebiendo. Mis amigos y yo nos sentíamos orgullosos cuando bebíamos toda la noche hasta el amanecer. Creíamos que teníamos poder y que las muchachas iban a creer que estábamos haciendo esto por ellas.

Buscaba una novia, pero todas las muchachas en el pueblo me rechazaban. Me enamoré de una muchacha llamada Paty. Era muy bonita y de una familia buena y respetable. Traté muchas veces de que fuera mi novia, pero ella me miraba con desprecio. En muchas ocasiones mis amigos y yo les llevábamos serenatas a las muchachas del pueblo, especialmente a las novias de mis amigos. En una ocasión le llevé una a Paty. Pero, como en muchos otros intentos, me miró con desprecio y me ignoró. Herido, le gritaba y la insultaba. Un sábado en la noche, en estado de ebriedad con mis amigos, escribimos unos cartelones con insultos para ella y su familia y los pegamos en todas las paredes del pueblo. Ni siquiera se libró la iglesia o el edificio municipal. Todo mundo en el pueblo leyó estos insultos. Para que no nos descubrieran, culpamos al más ingenuo del pueblo. Esto fue muy penoso, pero creíamos que estábamos haciendo lo correcto. Lo irónico de todo esto es que uno de mis hermanos se casó con una de las hermanas de Paty. Ahora que el tiempo ha pasado me doy cuenta que Paty tenía razón. Era imposible que ella se fijara en mí. No era más que un simple borracho sin futuro.

Capítulo III

Es muy triste mirar hacia atrás y recordar la vida que llevé en mi pueblo natal. Los años de 1965 y 1968 fueron los más crueles y traumáticos de mi vida. No hubo ni un solo día que estuviera sobrio. Por esta razón me vi envuelto en muchos problemas.

Una noche, como tantas en 1967, estaba tomando en una cantina llamada La Puñalada. Un amigo y yo estábamos en la cocina ayudando al dueño del local a preparar una bebida llamada "hervido", que se prepara con un licor clandestino llamado "chancuco", que se cultiva en mi pueblo. Este hervido se hace con agua, azúcar y canela. Con esta bebida uno se puede emborrachar rápidamente porque contiene casi 100 por ciento de alcohol. Lo mejor de todo es que era muy barato adquirirlo. Estábamos muy felices.

Otros amigos fueron llegando. Estaban en el salón de enfrente cuando, de pronto, se escuchó un estruendo. Salimos a ver qué ocurría y vimos que había una pelea. Un hombre había entrado en la cantina empuñando un cuchillo y buscando a uno de mis amigos. Cuando lo vio se le abalanzó hundiéndole el cuchillo en su costado izquierdo y luego salió huyendo de la cantina. Mi amigo cayó al piso desplomado y rápidamente corrí a ayudarlo. No pude ni siquiera ayudarlo a pararse pues estaba muy mal herido.

Inmediatamente lo llevamos a la casa y fuimos en busca de la única persona en el pueblo que era experto en primeros auxilios. Ya que en el pueblo no había hospitales o doctores disponibles, esta persona recomendó que lo lleváramos al hospital lo más pronto posible. Nos tomaría por lo menos cuarenta y cinco minutos llevarlo al hospital más cercano. Cuando lo subimos al auto, sentí que sus piernas comenzaron a temblar. Sabía que se estaba muriendo. Quince minutos más tarde, mientras manejábamos, mi amigo fue declarado muerto. Lo llevamos de regreso al pueblo y ya habían empezado los rumores y peleas de venganza, pero ya nada se podía hacer. Mi amigo estaba muerto.

En aquel entonces yo trabajaba en la oficina del alcalde como asistente del secretario. Era necesario que las autoridades reconstruyeran la escena del crimen. Habían pasado cuatro días ya desde el funeral de mi amigo. Pero la autopsia era obligatoria. Como empleado de la oficina del alcalde, tenía que estar ahí. Asistieron también el alcalde, un médico, los familiares del fallecido y un forense a cargo de la autopsia. La autopsia se llevó a cabo en un área abierta en el cementerio. El hombre a cargo del proceso tenía la apariencia de un criminal. Para llevar a cabo el procedimiento utilizó un serrucho y un hacha. Comenzó con la cabeza y luego el pecho. Este hombre no utilizó guantes, tan solo una toalla para limpiarse las manos. Esto fue horrible, pero tenía que estar ahí y registrar los hechos de la autopsia. El forense metió sus manos en el pecho y sacó el corazón de mi amigo para enseñárnoslo. Descubrió que el cuchillo había penetrado aproximadamente un centímetro en su corazón. Esto fue muy doloroso. Mi amigo había muerto prácticamente en mis brazos y luego tuve que participar en la reconstrucción de los hechos y en su autopsia. Aún después de esta terrible experiencia no pude dejar de tomar.

Mi madre sufría por este vicio mío tan incontrolable, pero no había mucho que ella pudiera hacer. Mi amigo Gerardo me aconsejó que me fuera porque el pueblo no era bueno para mí. Entonces decidí viajar a Estados Unidos.

En julio de 1968, unos meses antes de mi viaje a Estados Unidos, hubo una fiesta en la casa de uno de mis amigos. Yo estaba bailando y divirtiéndome mucho, a pesar de que la noche estaba fría y más oscura de lo usual porque no había luna; pero todo estaba bien. Había mucha gente bailando y bebiendo.

Alrededor de las once de la noche alguien empezó a golpear la puerta. Era uno de mis primos. Quería entrar a la fiesta, pero era del tipo de persona que nadie quería estar junto a él cuando estaba borracho. Le gustaba provocar peleas y se comportaba muy mal. Por lo que decidimos no abrir la puerta. Comenzó a patearla y a gritar que si no abríamos la puerta iba a tirarla. No tuvimos otra alternativa que abrirle la puerta.

Fui a abrir y tan pronto como me vio, comenzó a gritar y a llorar histérico y con sus manos ensangrentadas me dijo "Negro, Negro, maté a alguien" (todo mundo en mi pueblo me conocía como Negro). Continuaba sollozando y susurrando "maté a alguien".

Todos escucharon lo que estaba diciendo. Todos estábamos sorprendidos, conmocionados y en silencio. Lo llevé hasta el patio de atrás y le lavé las manos en la fuente de agua. Le dije que se callara y que dejara de decir estupideces, pero él continuaba susurrando y sollozando: "es verdad, maté a alguien".

Estaba muy borracho y pensé que no sabía lo que estaba diciendo. Yo trataba de mantenerlo callado pero él seguía diciendo, "Negro, él está muy cerca de aquí y yo lo maté, yo lo sé".

Para asegurarme de que lo que estaba diciendo era verdad, fui hacia afuera y comencé a recorrer las calles vacías. La noche estaba muy fría y oscura y apenas podía ver. Me tomó mucho tiempo encontrar la supuesta escena del crimen, pero, finalmente, estaba allí. Y, para mi horror, vi a un hombre agonizando de dolor. Su cara estaba cubierta de tanta sangre que no se le podía reconocer. Yo estaba temblando y asustado. No sabía qué hacer.

Regresé rápidamente a la fiesta. El lugar estaba vacío. La fiesta se había terminado y todos se habían marchado al escuchar la noticia. Fui hacia el patio de atrás y encontré a mi primo en el mismo lugar donde lo había dejado. Silenciosamente lo llevé a su casa. Fui a ver a un amigo para decirle que todo lo que mi primo había dicho era cierto. Pensamos en la gravedad de la situación, después fuimos juntos a buscar al experto en primeros auxilios y le pedimos que fuera al lugar donde estaba la persona herida. Esta vez yo no fui al lugar. Me fui a la casa sin saber la condición del hombre. No sabía si había muerto, quién era, o qué había ocurrido. Tampoco sabía qué decirle a mi familia.

Cuando llegué a casa, uno de mis tíos y su familia habían llegado de Cali a visitarnos. Toda mi familia estaba contenta con su llegada. Decidí no decirles nada y me fui a la cama. Pensaba en todo este horror y cómo lo iba a enfrentar al día siguiente.

Muy temprano en la mañana los rumores empezaron a correr. Todo el mundo hablaba acerca del hombre que fue salvajemente asesinado la noche anterior. El occiso era casado y tenia familia; era el hermano de uno de mis amigos. Cerca de las diez de la mañana, mi tío y yo salimos a caminar alrededor del parque. Mi tío quería un trago y entramos en un lugar cerca de la casa.

Cuando llegamos a la taberna, algunos familiares del difunto estaban ahí. Todos ellos fueron amables con nosotros, especialmente con mi tío. Uno de ellos se acercó a mí y me dijo que su hermano había sido asesinado la noche anterior. Cuando me dijo esto me puse muy nervioso y me sentía culpable. Tomé dos tragos dobles de aguardiente y pregunté, "¿quién lo hizo?"

Él respondió, "Tú serías la última persona en saberlo".

Me di cuenta que sabían quién había matado a su hermano. Por supuesto, en la fiesta todos lo escucharon y fueron testigos de cómo había ayudado a mi primo. Mi tío no sabía quién era el culpable y estaba dispuesto a descubrir al criminal para que pagara por lo que había hecho. Les aconsejó que descubrieran quién lo había hecho y que lo enviaran a la cárcel, pero no sabía que estaba hablando de su sobrino. Convencí a mi tío que saliéramos del lugar. Una vez afuera, le dije acerca del incidente. Estaba sorprendido y no podía creer lo que le estaba diciendo.

Corrimos hacia la casa del hermano de mi tío a decirles lo que estaba ocurriendo. Cuando llegamos ahí, mi primo estaba en estado de conmoción. Le dije que todo lo que había dicho la noche anterior era verdad. También le dije que la persona había muerto y quién era. Fui al patio y le explique a mi tío y a mi media hermana lo ocurrido. Estaban enojados conmigo porque dejé que mi primo entrara a la fiesta. Cuando mi primo tomaba se volvía insoportable. Yo no tuve otra opción que abrirle la puerta. Mi tío y mi hermana insistían reprochándome que si yo no le hubiera abierto la puerta no hubieran descubierto a mi primo. Me decían que era mi culpa que todo esto hubiera pasado. Estaban tan histéricos que preferí irme de ahí. Me fui a mi casa y encontré a mi madre llorando desconsoladamente. Sabía todo lo que había ocurrido y me dijo, "¿Té fijas, has visto las consecuencias que trae el alcohol?"

Nuestra familia estaba destruida. Mi primo huyó al Ecuador y se hospedó con familiares para no tener que ir a la cárcel. Dos o tres días después, la familia del occiso comenzó a ir a la casa de mi tío a insultarle y a apedrear su puerta. Querían saber dónde estaba mi primo para matarlo.

Al día siguiente comenzó la investigación policial. Todos los que estaban en la fiesta fueron a testificar a la corte. Todos atestiguaron que mi primo entró a la fiesta gritando "Negro, Negro, maté a alguien!" Dijeron que sus manos estaban manchadas de sangre y que yo se las había lavado para ayudarlo. Un par de días después, fui llamado a testificar. El juez me preguntó si yo sabía que alguien había sido asesinado. También me dijo que él sabía quién lo había hecho. De todas maneras yo tenía el derecho de no testificar, pues era primo del acusado. Por eso no hice ninguna declaración.

Mi primo continuaba viviendo como fugitivo en Ecuador. Mi viaje a Estados Unidos estaba más cerca. Dos meses después, obtuve la visa para hacerlo realidad. El día de mi partida toda mi familia fue al aeropuerto a desearme buen viaje y buena suerte. La familia de mi tío estaba también ahí. Mi tío me llevó hacia un lado y me dijo que mi primo seguía fugitivo y que yo no había hecho nada para prevenir su mala suerte.

Durante todo el viaje pensé en las palabras de mi tío. Me sentía responsable por lo que mi primo había hecho y pensé

qué podía hacer para ayudarle. Me sentía obligado a quitar-
le este peso de encima a mi tío y ayudar a mi primo. Dos
días después de mi llegada a Estados Unidos le escribí una
carta a mi primo invitándole a que viniera conmigo. Un mes
más tarde él estaba conmigo. Le ayudé en todo lo que pude
y le brindé el apoyo que necesitaba. Años después, me di
cuenta del horror y el peligro en el que había estado envuelto. Esto fue algo aterrador; no quiero recordar ese
trauma. Nunca le pregunté a mi primo qué fue lo que realmente sucedió, ni siquiera le mencioné aquella noche oscura y fría de julio de 1968. Y jamás lo haré. Después me
enteré que la ley nunca concluyó la investigación y que el
caso fue cerrado porque no había suficientes pruebas en
contra de mi primo. Él estaba tan borracho que se quedó
rondado en la mente de todos la pregunta, ¿fue él realmente quien lo hizo?

Capítulo **IV**

Tenía veinte años cuando decidí venir a Estados Unidos. Había intentado en muchas ocasiones obtener la visa, pero siempre me la habían negado pues, por una u otra razón, no tenía la documentación necesaria. Mi hermano Ernesto, que ya estaba en Estados Unidos, me envió la documentación que me faltaba. Para ese entonces la ley había cambiado y se me hizo imposible obtener la residencia permanente. Decidí venir como turista, a pesar de la oposición de mi hermano. En 1968, después de algunas solicitudes al consulado estadounidense, obtuve la visa de turista. Para poder comprar el pasaje aéreo para mi viaje mi madre tuvo que pedir dinero prestado a una mujer que cobró el 15 por ciento de interés mensual. Por esas ironías de la vida, la mujer que le prestó el dinero a mi madre era la esposa de uno de los enemigos de mi padre del partido conservador. Obviamente, mi madre no pudo encontrar a otra persona o a un familiar que tuviera la facilidad de prestarnos el dinero. Llegué a Estados Unidos, "la tierra de los sueños", un 4 de octubre de 1968. Después de unos días, comencé a trabajar para la misma compañía manufacturera para la que mi hermano trabajaba.

Cuando vivía en Pasto, en Colombia, de 1961 a 1964, mis intenciones eran venir a Estados Unidos. Había hecho algunos intentos, pero parecía imposible. Escribí muchas cartas a algunos de mis familiares que ya estaban allí, pero no me ayudaron. Mi cuñado, que estaba casado con mi media hermana -la misma que me acusó de la muerte de mi padre- le había prometido a mi padre cuidarnos en caso de que falleciera. Alberto me dijo en muchas ocasiones que actuaría como un padre y que si alguna vez necesitaba algo me ayudaría. Su hijo, Pedro, estaba ya en Chicago. Aproveché la oportunidad y le pregunté a Alberto si su hijo me podía ayudar a viajar a Estados Unidos. Me dijo que todo lo que tenía que hacer era escribirle una carta a Pedro pidiéndole que me ayudara. Me dijo "te lo prometo". Se sentó y comenzó inmediatamente a escribir la carta a su hijo. Mientras escribía la carta, tuvo que salir del cuarto y aproveché la oportunidad para leer lo que había escrito. Decía: "Hijo, el hijo de Inés quiere viajar a Estados Unidos. Te va a escribir una carta pidiéndote ayuda, por favor no le pongas ninguna atención a su carta, no quiero que le ayudes con nada. Recuerda, por favor, no hagas nada al respecto". ¡Qué gran error había cometido mi padre al encomendarnos a él! Casi descarté la idea de viajar a Estados Unidos.

A pesar de que mi hermano se oponía a que yo viajara a Estados Unidos, llegué al aeropuerto O'Hare en Chicago sin que él lo supiera. Fui directamente a su departamento. Una de mis primas, Esther, estaba allí visitando a la compañera de cuarto de mi hermano y dudó en dejarme entrar o no. Me dijo que mi hermano estaba muy enojado conmigo y que era mejor que me fuera con ella a su casa. Mientras estaba hospedado en la casa de mi prima, mi hermano llamó por teléfono; al día siguiente vino a buscarme a la casa de Esther. Estaba muy enojado porque pensaba que yo iba a ser un problema para él, pero yo ya estaba aquí y sabía que tenía que enfrentarme a los problemas que se podían presentar. Él no tenía tiempo para mí. Estaba siempre muy ocupado haciendo otras cosas y no podía llevarme a ningún lugar. Tuve que aprender a desenvolverme por mí mismo. Recuerdo que en una sola ocasión me llevó a bailar con uno de sus amigos. Desde ese entonces era mi responsabilidad aprender a sobrevivir por mi cuenta en ese país. Y así lo hice.

Dos semanas después de mi llegada, quería que me fuera de su departamento porque era muy pequeño para tres personas. Me dijo que me cambiara yo primero y que después él se iba conmigo. No estaba en condiciones de salirme

de inmediato, ya que no podía pagar un departamento yo
solo. Mi prima Esther me alquiló un cuarto en su departamento. De todas maneras, mi hermano nunca tuvo la
intención de ir a vivir conmigo. Es más, nunca lo hizo.

Después de dos años de vivir en este país, decidí comprar
un auto. Tuve que preguntarle a mi hermano qué pensaba
al respecto. Me contestó que me fuera al diablo. Me dijo:
"Tú no vas a comprar ningún carro, ¡olvídalo!" Dependía
demasiado de él y siempre tenía la esperanza de que algún
día iba a cambiar y que me ayudaría, o que empezara a verme como su hermano. La verdad era que yo no estaba buscando a un hermano, yo buscaba a un padre.

Durante el poco tiempo que viví con mi hermano, cum-
plí 21 años. Me dieron una hermosa sorpresa. La amiga
que compartía el apartamento con mi hermano me prepa-
ró una fiesta de cumpleaños. Nunca antes me habían hecho una fiesta de cumpleaños. Esta fiesta la recuerdo como
si fuera hoy día. Ella me regaló dos camisas y dos corbatas.
Ella me veía como su hijo.

En noviembre de 1968 conocí a Carmen. Trabajaba para la misma compañía que yo trabajaba. Comenzamos a salir
y nos hicimos novios. Para 1971 nos casamos. Durante los
primeros años de nuestro matrimonio fuimos muy felices.
Teníamos una muy buena relación. Nuestra comunicación

era excelente y nuestra situación económica era mejor que la que tenemos ahora. Yo tenía la habilidad de tomar decisiones y Carmen confiaba en mis decisiones relacionadas a nuestras vidas. Sin embargo, ella comenzó a notar que tomaba mucho en cuenta la opinión de mi hermano y que en muchas ocasiones no podía hacer nada sin su aprobación.

En 1973, mi madre nos visitó desde Sudamérica. Durante el tiempo que se quedó con nosotros, mi madre y mi hija Nancy, que nació en 1972, se volvieron inseparables. Cuando mi madre se fue, a fines de 1973, ella insistía en llevarse a la niña a Colombia, pero nosotros no lo permitimos. De todas maneras, en 1974, cuando mi hermano Tony, que vivía con nosotros, decidió regresar a nuestro país, entonces con él enviamos a nuestra niña a Colombia para que mi madre la cuidara, ya que no confiábamos en nadie más que en ella para que cuidara a nuestra pequeña hija. En ese tiempo, pensamos que era la mejor decisión. Carmen estaba embarazada de nuestro segundo hijo y nuestra intención era ir a radicar a Sudamérica en diciembre de 1976. Es más, en diciembre de 1975 viajamos a Colombia con el fin de ver a nuestra hija y al mismo tiempo buscar casa para ir a vivir allá. A nuestro regreso a Estados Unidos hicimos el compromiso de trabajar el mayor número de horas posible para ahorrar dinero y regresarnos definitivamente.

Carmen y yo empezamos a trabajar a medio tiempo en las noches y los fines de semana, además de nuestros trabajos regulares. Trabajamos muy duro para ahorrar dinero y lo hicimos. Vendíamos ollas y sartenes. Hacíamos de tres a cuatro presentaciones a la semana. Las presentaciones consistían en preparar comida para doce personas, enseñándoles la manera más rápida y saludable de cocinar alimentos sin agua. Hicimos muchas presentaciones y a la vez bastante dinero. Pero este trabajo era muy difícil, ya que algunas veces las presentaciones eran en inglés y mi pobre inglés no era lo suficientemente bueno para esta clase de presentaciones y reuniones. Sin embargo, las hacía. En algunas ocasiones Carmen me ayudaba desde la cocina con la pronunciación. Las presentaciones se hacían después de haber cenado, por lo que le tocaba a Carmen el trabajo más duro; limpiar todos los platos y la cocina. En ese entonces el trabajo que tenía en la fábrica era muy duro y sucio. Pero nuestra intención era de ahorrar todo el dinero que pudiéramos con la ilusión de comprar una casa en Colombia. Y lo hicimos. Compramos una casa y la pagamos en efectivo.

Una de las ambiciones de mi hermano y mía era comprar una casa para mi madre, que todavía vivía en Cumbal. La casa que Carmen y yo compramos estaba en Pasto. En uno de mis viajes allá, le pedí a mi mamá que se cambiara a Pasto a nuestra casa nueva. Pero había algunos desacuerdos en mi familia, especialmente con mis medias hermanas. Decían que Inés, mi madre, no debería mudarse a Pasto, que Cumbal era suficiente para ella. No les escuchamos, y a mi madre le gustó la idea de ir a vivir a Pasto, y decidió cambiarse.

Cuando llegamos a este país, mi hermano y yo empezamos a ayudar a mi madre económicamente. Es más, desde su llegada, mi hermano, nunca dejó de enviarle un cheque mensual a mi madre. Mi madre ahora tiene ochenta y cinco años y es una mujer muy fuerte y saludable.

Nos hubiéramos regresado a vivir a Colombia pero nuestros planes cambiaron debido a un terrible accidente. Vivíamos en el segundo piso de un conjunto de apartamentos de dieciséis unidades en Palatine, Illinois, un suburbio de Chicago. Durante los meses de febrero y marzo de 1976, sentí un deseo de cambiarnos de casa. Presentía que algo iba a ocurrir. Carmen no quería cambiarse porque el área era muy agradable y estábamos cerca de nuestros trabajos.

Toda la unidad de calefacción, electricidad y agua para los dieciséis apartamentos se encontraba debajo de nuestro dormitorio. El administrador del conjunto habitacional había estado trabajando el viernes y el sábado en los tanques de agua caliente, que se calentaban con gas. El domingo 18 de abril de 1976 un amigo nuestro nos había invitado a su casa a su fiesta de cumpleaños. Él insistió en que nos quedáramos en su casa esa noche, pero decidimos regresar a la nuestra. El 19 de abril, a las seis de la mañana, hubo una explosión de gas en el edificio. Cuatro departamentos fueron completamente destruidos. Perdimos todo lo que teníamos.

Nuestro hijo, Tony, que tenía veintidós meses, dormía en su cuarto durante la explosión. Carmen no sufrió heridas serias, por lo que pudo pararse y empezar la búsqueda de nuestro pequeño hijo. Ella pensó que se encontraba bajo los escombros y lo buscaba desesperadamente. Carmen no sufrió heridas de gravedad pues, por suerte, cayó encima de un colchón luego de la explosión.

Muchas personas vinieron a ver el área del accidente y algunas de ellas ayudaron a mi esposa en la búsqueda de nuestro hijo. Carmen pensó que Tony estaba muerto. Por curiosidad, un sargento subió hasta el techo de otro edificio en el área para mirar los alrededores y encontró a Tony sentado ahí. Tan pronto como Tony vio al sargento comenzó a llorar. Nuestro vecino le informó a Carmen que nuestro hijo estaba bien, que estaba en una ambulancia. Afortunadamente, nada le había pasado. Fue dado de alta del hospital en unas horas. Los noticieros llamaron a Tony "el niño del milagro".

Carmen estuvo hospitalizada por tres semanas. Durante este tiempo ella no tenía ni idea de lo grave de mi condición, ya que mi familia le había dicho que yo estaba bien. Pero estuve en terapia intensiva por casi dos semanas. En un momento dado el médico me dio setenta y dos horas de vida. Mi espalda estaba completamente destruida. También tenía heridas en la cabeza, la pierna y algunos órganos internos. Me mantuvieron hospitalizado por alrededor de tres meses y recibí terapia por dos años. En total, estuve incapacitado cuatro años.

Algunos meses antes del accidente, un amigo sufrió un accidente de carro y fue hospitalizado. Mi amigo murió en terapia intensiva. Cuando fui a visitarlo, tuve el presentimiento de que algo malo me iba a ocurrir. Por coincidencia o no, el día de nuestro accidente, me llevaron al mismo hospital y ocupé la misma cama de terapia intensiva donde mi amigo había fallecido.

Durante este tiempo me volví muy dependiente de mi hermano. Esperaba su apoyo en todas mis decisiones. Mi hermano me escuchaba, pero dejaba que tomara mis propias decisiones. Mientras estaba hospitalizado, mi esposa tuvo que confrontar algunas dificultades de la vida. Debido a que habíamos perdido todo, tuvimos que empezar de nuevo. Mi más profunda gratitud para mi hermano, quien puso un techo sobre nuestras cabezas, nos suministró comida, medicina y otros gastos. Pero sobre todo, mi sincera gratitud por su apoyo moral y su interés por Tony. Mi hermano le dio su amor y su apoyo incondicional. Llevaba a mi hijo a todas partes. La gente reconocía a Tony en todas partes porque ya su fotografía había salido en los periódicos y en la televisión. Todo el mundo era muy amable con mi hijo.

Para evitarle un dolor y una preocupación a mi madre, mi hermano decidió no decir nada acerca del accidente a la familia en Colombia. Debido a las noticias que fueron difundidas en Colombia, mi familia se enteró de todas formas. Recibimos tarjetas de pronta recuperación de todas partes de la nación, así como también del extranjero. Esto fue una gran motivación para poder seguir adelante. Nos quedamos sin nada, pero con la ayuda de Dios salimos adelante. Tengo la seguridad de que este accidente cambió drásticamente el curso de nuestras vidas. Mientras estuve incapacitado, comencé a estudiar en casa para mi examen de GED (equivalente al diploma de secundaria/ bachillerato). Aprobé el examen en 1978 y empecé la universidad en septiembre del mismo año.

Debido al accidente, decidimos no regresar a Colombia. Hice algunos intentos para traer a mi hija Nancy de regreso a Estados Unidos. Cada vez que iba de visita a Sudamérica, mi familia me hacía creer que no podía llevarme a mi hija porque mi madre estaba tan apegada a ella que si me la llevaba se podría morir. Tenía tanto miedo que fuera verdad y que yo fuera el culpable de su muerte como en el caso de mi padre.

Capítulo V

En febrero de 1979, en una clase de matemáticas en la universidad, conocí a una mujer de treinta años, llamada Celia. Me preguntó si le podía prestar un lápiz. Inmediatamente, le presté el lápiz y la llamé "señora". Pero ella me contestó, "señorita".

A la tercera clase me preguntó si la podía llevar a su casa. Desde entonces, continué llevándola hasta su casa después de clases. En nuestras conversaciones, yo siempre hablaba acerca de mi familia. Nunca negué a mi familia ni que yo era un hombre casado, no sólo por lo civil, sino por la iglesia también. Siempre me sentí orgulloso de mi familia. Hablaba acerca de mis hijos, Nancy y Tony, e incluso le comenté que un tercer hijo venía en camino. Antes de que el semestre terminara perdimos contacto el uno con el otro. Hubiese preferido que ese contacto se hubiera perdido para siempre.

En septiembre del mismo año nos encontramos otra vez en la universidad y nuevamente continué llevándola a su casa. En ocasiones la buscaba en su trabajo o en su casa para ir juntos a la universidad. El 26 de noviembre de 1979 nació mi tercer hijo, Alex. Yo compartí el nacimiento de mi nuevo hijo con todo el mundo en la universidad pues me sentía muy contento y lleno de felicidad. Mientras tanto, la relación entre Celia y yo continuaba acercándonos cada vez más y más.

Un día me dijo que uno de nuestros amigos le había invitado a una fiesta el sábado 15 de diciembre de 1979. A mí no me había invitado , pero yo conocía muy bien a este amigo. Así que lo llamé por teléfono para invitarle a salir el sábado. Me contestó que no podía pero que le gustaría invitarme a una fiesta. Gustoso acepté la invitación, ese era el propósito. Ya en la fiesta, Celia y yo nos pasamos hablando de nuestra relación durante toda la noche. Le dije que me había enamorado de ella. Me contestó que era imposible, porque yo estaba casado y también me dijo que ésta sería la última vez que nos veríamos. Me pidió que la llevara de regreso a su casa a eso las 4:30 de la madrugada. Cuando llegamos a su casa le pregunté si le podía llamar al día siguiente. Me contestó, "esta bien, llámeme". Al día siguiente, cuando la llamé por teléfono, estaba muy contenta porque le había llamado. Hablamos como por cuatro horas.

Ella tenía un hermano que vivía en Chicago con su esposa. Anteriormente vivían juntos, pero Celia se cambió de casa porque pensaba que su cuñada era de clase baja. No tenía una buena relación con ellos. Sentía mucha pena por ella, especialmente porque era época de Navidad y porque estaba sola en ese país. Nuestra costumbre latina es de celebrar la nochebuena y ella iba a pasar sola esa noche. De todas maneras le hice una invitación para el 23 de diciembre, que ella aceptó. La llevé a cenar y comenzó a contarme su vida. No estaba contenta. Me dijo que había ido a Estados Unidos sólo de vacaciones, pero decidió quedarse porque en su país un hombre había lastimado mucho sus sentimientos. Este hombre le había prometido que vendría a Estados Unidos a casarse con ella, pero nunca lo hizo. En el carro lloró y arrimó su cabeza en mi hombro. En ese instante, me identifiqué con esta mujer y sentí que la conocía desde hacía mucho tiempo. Sentía que había un lazo que me ataba a ella. Empezamos a salir como pareja. La llevé a bailar, pero a la vez me sentí avergonzado pues el dueño del lugar me conocía.

Continuamos saliendo y, en enero de 1980, me dijo que había llamado a su novio a su país y que había terminado su relación con él definitivamente. Me dijo: "usted me ha dado la fuerza y el apoyo para hacerlo". Entonces comencé a sentirme culpable.

A pesar de mi culpabilidad, sentía que la conexión con ella aumentaba más y más. A pesar de que la decisión de terminar con su novio fue suya, comenzó a culparme a mí. Me dijo que era mi culpa que ahora no tuviera nada. Constantemente me acusaba por haber tomado esta decisión. Me sentía muy culpable. Debido a que esta situación era tan incomoda, un día decidí llamar a su novio y preguntarle qué estaba sucediendo entre él y Celia. Él me respondió que conocía a Celia y que era una magnífica persona, pero que él no le había prometido nada y que tampoco tenían ningún acuerdo. Me dijo que ella era una buena amiga y que eso era todo.

Me sentía impotente y muy decepcionado por mi incapacidad de no poderla ayudar. En algunas ocasiones me pidió que escondiera mi anillo de matrimonio y me dijo que nuestra relación debía ser "blanca o negra". O sea, que quería casarse conmigo. Yo tenía ya una familia y no tenía ninguna intención de divorciarme.

Cada vez que llamaba a Celia, lloraba y me culpaba por todo lo que le salía mal en su vida. Debido a que yo sentía que la conocía hacía mucho tiempo, estaba convencido de que era el responsable de su pasado. Comencé a sentirme desequilibrado en mi vida y no sabía qué hacer ni hacia dónde ir. Ella comenzó a manipular la situación colgándome el teléfono cada vez que le llamaba y rehusándose a

verme; en muchas ocasiones me pidió que no la buscara
nunca más. Pero cada vez que hablábamos ella se ponía tan
desesperada que yo me preguntaba qué le podría pasar. Honestamente me sentía responsable de cuidarla. A veces dejaba de llamarle por unos dos o tres días y, cuando la volvía
a llamar, se ponía a llorar y me preguntaba por qué no la
había llamado. Esto me tenía loco.

Durante este tiempo, recibí el convenio por el accidente
del apartamento. Me entregaron 535,000 dólares como re-
muneración por los daños. Tan pronto recibí el dinero, lo
primero que hice fue ayudar a mis familiares, a unos rega-
lándoles y a otros prestándoles dinero. Después compré en
efectivo una hermosa casa para mi familia. Desde mi llegada a Estados Unidos constantemente enviaba gran parte de
mis ingresos a casa para ayudar a mi mamá y a mis hermanos. Me sentía responsable de ayudar a mi familia en mi
país y de pagar por la educación de algunas de mis sobri-
nas. También traje a parte de mi familia a Estados Unidos,
pagando todos los gastos, incluyendo gastos de educación
universitaria. Los traje a vivir a mi casa, pero después que
conocí a Celia, me olvidé de mis responsabilidades, especialmente, dejé de enviarle dinero a mi madre.

En julio de 1980, Carmen y yo viajamos a México y a
Sudamérica de vacaciones. Celia y yo habíamos decidido
terminar nuestra relación ya que, debido a mi situación, no

le podía prometer nada. Le llamé desde el aeropuerto O'Hare para despedirme. Como siempre, empezó a llorar, y yo también lloré. Me dijo: "¿por qué no lo conocí cuando era usted soltero? ¿Por qué Dios me castiga de esta manera?"

Estaba desesperada, pero estuvo de acuerdo en terminar nuestra relación. Cuando estaba en el avión, me sentía preocupado por su estado emocional. La llamé desde México para saber cómo estaba. Lloraba cuando el abuso se vuelve adicción, me decía que me amaba y que la llamara cuando llegara a mi país.

La llamé desde Colombia. Estaba contenta porque la había llamado y, una vez más, me dijo que me amaba. Pero a la siguiente llamada, ya no quiso hablar conmigo y me colgó el teléfono apenas escuchó mi voz. Yo no entendía qué estaba pasando. Al día siguiente le llamé otra vez. Me pidió disculpas y me dijo que no quiso engancharme el teléfono.

A nuestro regreso de Colombia, fui a ver a Celia a su trabajo. Me pidió que me fuera porque tenía que encontrarse con alguien llamado John. John era diez años más joven que ella. "Vete, pero no me dejes", me dijo. Celia estaba viéndose conmigo y con John a la vez. Me utilizó y me pedía favores.

Mi familia había venido a visitarnos desde Colombia. El día que llegaron, los dejé y me fui a ver a Celia. Ofrecí una disculpa muy convincente a Carmen y a mis familiares, por lo que Carmen tuvo que llevar a mi familia a cenar fuera. Celia y yo salíamos a cenar también. Después de cenar usualmente íbamos al lago o al cine, pero en esa ocasión, se rehusó a ir, quejándose de que le dolía el estómago. La llevé a su casa y le recomendé que se tomara algo para el dolor de estómago.

Más tarde, esa noche, la llamé. No estaba en su casa. Su compañera de cuarto me dijo que había dejado una nota que regresaba a la una. Salí hasta Chicago a ver con quién andaba. Regresó a su casa acompañada de John alrededor de las 3:30 de la madrugada. Le pregunté qué era lo que estaba sucediendo. Me ignoró y me cerró la puerta en la cara. Cerca de las 4:30 la llamé. Ella se portó maravillosamente conmigo por teléfono. Me dijo que John era solamente un amigo, como un hermano. Es más, me dijo que ella estaba saliendo con él porque John trabajaba en migración. Ella lo estaba utilizando para obtener sus papeles de migración en este país. También me pidió que la fuera a ver al día siguiente. Cuando fui a verla al día siguiente, estaba llorando inconsolablemente. En ese instante había recibido una carta de su hermana que le había escrito contándole que su ex novio se había casado. Lloraba mucho. Me arrepentí de haber ido a verla.

Celia solía trabajar para una agencia de viajes. Mientras trabajaba ahí, metió los papeles a inmigración y obtuvo la residencia. En 1981 Celia se fue a su país para completar el proceso legal de inmigración a Estados Unidos. Era muy difícil de obtener la visa de residente por medio de una agencia de viajes. Sin embargo parece que en compañía de alguien, la información que presentaron a inmigración no era verdadera. La información presentada era de una línea aérea, compañía de su país de origen. A su regreso y sin más rodeos me pidió que me divorciara de Carmen y que me casara con ella. No sabía qué decir, pero accedí y le prometí que iniciaría el proceso de divorcio. En realidad yo no quería divorciarme y me mantenía dándole largas y posponiendo el proceso de divorcio, pero por alguna razón, no podía decirle que no a Celia. La situación se mantuvo entre despedidas y reconciliaciones por algún tiempo.

Para 1982, las cosas comenzaron a ir de mal en peor. Ella comenzó a tratarme como basura, pero continuaba utilizándome para su conveniencia y para que hiciera cosas para ella. Comencé a humillarme. Perdí mi integridad y el respeto a mí mismo, le lloraba pidiendo su perdón. Ella estaba en completo control de mi persona y empezó a manipular la situación. Me hablaba para que le ayudara y a la vez me alejaba de su lado. A veces quería verme y a veces no. Me sentía atrapado. No podía complacerla casándome con ella. Yo no quería dejar a Carmen, pero tampoco podía dejar a

Celia. En muchas ocasiones mencionaba que quería matarse. Pensaba realmente que Celia quería suicidarse. Otra cosa que solía decirme era que iba a salir con amigos que les gustaba fumar marihuana y que le gustaría probarla con ellos.

Estaba tan confundido que comencé a gastar dinero sin control. Por supuesto, el dinero que recibimos por el accidente comenzó a desaparecer. Solía comprarle regalos muy costosos a Celia. Todos los regalos que le compraba, ya sea ropa, joyas, u otras cosas, ella los regresaba a la tienda y los cambiaba por dinero. Le traía de mi país joyas con esmeraldas. Todas las joyas que yo le daba desaparecían de su casa. Me decía que tal vez la niñera se las robaba, pero curiosamente las únicas joyas que se desaparecían eran las que yo le compraba; las demás joyas que tenía las mantenía en el banco en una caja de seguridad. En una ocasión me preguntó si podía comprar un televisor para su cuarto. Se lo compré y, unos días mas tarde, lo devolvió y lo cambió por efectivo.

Sentía que debía salir de este problema. Decidí que mi familia y yo nos mudáramos a Florida, a pesar de que no teníamos nada allá. La decisión la tomé en una semana y la única razón era que quería terminar mi relación con Celia de una vez por todas. Pensaba que huyendo del problema este se podía resolver. Pero, no fue tan simple como pensaba. Todo lo contrario, fue un gran error.

Capítulo VI

Carmen apoyó la idea de salir de Chicago. Ella pensó que la idea de iniciar un negocio en Florida era muy buena. No sabía la verdadera razón de nuestra partida. Presentía que algo estaba ocurriendo, pero hasta ese momento yo había podido ocultar mi relación con Celia con mentiras convincentes. Mientras manejaba hacia Florida, Celia ocupaba mis pensamientos. Por alguna razón escuchaba su voz diciéndome que provocara un accidente para acabar con mi familia, que esa era la única forma de adquirir mi libertad. Me estaba volviendo loco.

Tan pronto llegamos a Florida llamé a Celia y le dije que ya había dejado a mi familia. Ella estaba muy contenta y me dijo que había tomado la decisión correcta. Desde ese día su trato hacia mí cambió: comenzó a tratarme de "tú", lo que significaba que ella me había aceptado completamente en su vida. También me comentó que "ahora los papeles del divorcio serán muy fáciles de obtener. Hazlo rápido por favor, te amo, tú eres mi vida".

Nuestra llegada a Florida no tuvo muchas cosas a su favor. Como no teníamos casa donde vivir, nos tuvimos que alojar en un hotel. Por lo que tomé la decisión de que Carmen viajara inmediatamente a Colombia con los niños hasta que yo me instalara. Necesitaba encontrar un lugar donde vivir e iniciar los trámites necesarios para instalar el negocio. Dos meses más tarde, Carmen y los niños regresaron a Colombia. Para ese entonces ya tenía una casa arrendada y había empezado a operar el negocio.

Obviamente el negocio no proveía lo necesario para mantener a mi familia y, además, Carmen tenía siete meses de embarazo con nuestra última hija, Pilar. Una vez mas convencí a Carmen que por el momento era lo más conveniente que ella se fuera a Colombia y que tuviera a la niña allá y así mi madre la podría cuidar, ya que por el momento yo no podía pagar los servicios de un hospital en Estados Unidos.

Carmen se fue a Colombia con mi pequeño hijo Alex. A nuestros hijos mayores los enviamos a Chicago a la casa de mi hermano. Carmen confiaba ciegamente en mis decisiones y aceptó una vez más esta decisión.

¿Cuál era la verdadera causa de enviar a Carmen a Colombia? Detrás de esta decisión de separar a mi familia estaba la verdadera razón: quería que Celia creyera que yo estaba solo en Florida. Esta fue una terrible y torpe decisión de mi parte. ¡Qué estúpido fui! No me daba cuenta del daño que les estaba haciendo a mis hijos. Recuerdo que cuando Tony abordó el avión lloró, al igual que mi hija Nancy. En ese momento no me daba cuenta de lo equivocado que estaba. Creía en mis propias mentiras. En mi mente sólo pensaba en cómo complacer a Celia, aunque significara tener que sacrificar a mi familia. Al recordar este incidente me dan ganas de llorar. ¡Cuánto me arrepiento! Este fue uno de los peores momentos de mi vida.

Después de algunos años descubrí que mi hijo Tony, mientras estaba en la casa de mi hermano, en Chicago, tenía miedo, nos extrañaba tanto que sollozaba todas las noches. Hasta escribió una canción sobre cuánto nos extrañaba.

Cuando Carmen regresó a Florida mi situación estaba un poco mejor, pero mi mente no estaba bien ubicada. Celia me estaba presionando para que me casara con ella. No le prestaba importancia al hecho de que mi divorcio con Carmen no estuviera finalizado todavía; quería casarse conmigo de todas formas. Hizo algunos viajes a Florida, pero cada vez le daba excusas para no llevar a cabo el matrimonio.

A mediados de 1983 tuvimos que vender algunas de las propiedades que poseíamos en Colombia para poder mantener el negocio. Una de las propiedades que vendimos fue la casa que con tanto esfuerzo y sacrificio Carmen y yo habíamos comprado. Era una casa hermosa, y la perdimos en unos minutos. Las otras tres que compramos con el dinero que recibimos por el accidente se vendieron también. No nos quedaba nada en mi país.

Luego ocurrió uno de los momentos mas críticos e irresponsables de mi vida. A mi regreso a Estados Unidos, Celia me estaba esperando en Miami. Yo no me había divorciado ni quería hacerlo: Carmen era muy buena y la amaba. Sin embargo, no podía decirle NO a Celia, sentía miedo y culpabilidad. Nos casamos en Miami. Los dos sabíamos que estábamos cometiendo un acto ilegal. Ahora me había convertido en un bígamo. Ella regresó a Chicago y nadie se enteró de nuestro matrimonio. Nuestros planes eran vivir en Florida.

No tuve éxito en mi negocio. Mi tiempo estaba consagrado para Celia. La llamaba constantemente a Chicago; la cuenta del teléfono del negocio era tan alta que no la podía pagar. Estos gastos, junto con otros, causaron que perdiera el negocio, perdiendo todo para lo que habíamos trabajado. Carmen y yo estábamos en la quiebra, no teníamos dinero para pagar el alquiler o para comprar comida. Nuestra hija Pilar no tenía ropa o zapatos para ponerse. Era una situación terrible. Pero ni siquiera en estas condiciones me daba cuenta que había puesto a mi familia en una situación precaria.

La única forma de poder sobrevivir esta crisis era regresando a Chicago. Carmen regresó primero con los niños. Le pedí a mi hermano Ernesto si nos podíamos quedar en su casa hasta que pudiéramos conseguir un departamento. Tambié habíamos vendido la casa que nos quedaba en Chicago para "invertir en el negocio". Carmen comenzó a trabajar inmediatamente después de nuestro regreso. Nos quedamos con nuestro hermano por un mes hasta que mi cuñada insistió en que nos cambiáramos. No teníamos dinero para pagar un departamento, pero nos mudamos de todas maneras. Mi cuñada tenía razón: su casa era muy pequeña para tantas personas. Fue muy doloroso poner a mis hijos en esta situación. Pero, ¿me daba cuenta de esto? ¡NO! Lo único que me preocupaba era Celia.

Pocos días después de haber llegado a Chicago, Celia consigue trabajo en Los Ángeles y se cambia. Tres meses más tarde conseguí trabajo como gerente de personal para la compañía donde había trabajado anteriormente. Comencé a trabajar el 9 de abril de 1984. Pude haber comenzado antes, pero mi hermano no me dijo que el señor Johnson, dueño de la compañía, me había estado buscando. Cuando llamé al gerente general en busca de trabajo, me dijo que estaba esperando mi llamada. Todos los mensajes habían sido enviados a través de mi hermano. Pero él nunca me dijo nada. Me entrevistaron en la compañía y fui contratado para la posición. Nunca supe por qué mi hermano no me dio los mensajes. Es más, él me había aconsejado que solicitara para asistencia pública. De todas maneras, una vez que acepté esta posición, tuve todo su apoyo.

Esta era la misma compañía para la que había trabajado como obrero desde el 1968 hasta 1976. El dueño me conocía desde entonces. Por causa del accidente, cuando mi apartamento explotó, tuve que dejar mi trabajo en 1976, pero el presidente me había ofrecido algunos trabajos durante 1978 y 1984. La posición que ahora me ofrecía era dentro del campo de recursos humanos, que no era mi especialidad. Cuando le mencioné al presidente que no tenía ninguna experiencia en recursos humanos, me miró y con toda seguridad me dijo, "yo sé que tú lo puedes hacer".

Cuando empecé a trabajar como gerente de recursos humanos pasé muchas horas aprendiendo a conocer esta área que era nueva para mí, organizando el departamento, ganándome el respeto de los trabajadores y ayudando a que la compañía creciera. Aprendí el trabajo rápidamente y en dos meses me sentía muy seguro de lo que estaba haciendo. Mi jefe me felicitó por hacer un buen trabajo. Alguien estaba reconociendo mi trabajo. Antes de comenzar a trabajar para esta compañía, había buscado trabajo y no había podido encontrar nada. En ese tiempo, Carmen y yo calculamos nuestros gastos y pensamos que un salario de 150 dólares a la semana sería suficiente para cubrir nuestros gastos. Cuando acepté el trabajo de gerente de recursos humanos, llamé triunfante a Carmen. La compañía me había ofrecido no 150, sino un sueldo de 350 a la semana. Dos meses después, mi jefe, junto con su sincero reconocimiento por el trabajo que estaba haciendo, me dio un aumento de sueldo de 3,000 dólares al año.

Entre 1984 y 1988 las cosas marchaban maravillosamente. Luego la compañía fue vendida. Una nueva administración tomó posesión en la compañía, mucha gente fue remplazada y se hicieron muchos cambios. Para 1990, un nuevo presidente y un vicepresidente de manufactura fueron empleados. El vicepresidente tenía mucho conocimiento en la industria manufacturera, pero no sabía cómo relacionarse con los trabajadores. Tenía el concepto de que los hispanos eran estúpidos y que no tenían la capacidad de aprender, y nos trataba sin respeto y sin dignidad. Desgraciadamente, él era del tipo de hombres que creía que lo sabía todo. Se presentaron algunos problemas debido al comportamiento de este hombre y la gente comenzó a llegar a mi oficina a quejarse. Yo los escuchaba e informaba al presidente de lo que estaba ocurriendo en la planta. El nuevo presidente no tenía el coraje de hacer nada, por lo que cada día las condiciones fueron de mal en peor. Debido a que las acusaciones en contra del vicepresidente solo eran verbales, sugerí a los empleados que las pusieran por escrito. Uno de los empleados, que había trabajado por más de veinte años en la compañía, llegó hasta mi oficina con una queja por escrito. Después de esta carta recibí otras más. Ahora, con estas cartas, el presidente empezó a analizar la situación, pero ya se había hecho mucho daño a la gente y la compañía estaba en decadencia.

El vicepresidente de manufactura tenía algunos amigos en la gerencia. Los llamábamos "Los tres mosqueteros". Estos caballeros se reunían cada mañana por media hora a decidir quién iba ser la víctima de ese día. Estos tipos le dijeron al presidente que "La mafia colombiana", refiriéndose a mí, estaba contratando muchas personas de Colombia. Pero eso no era cierto. Solo tres colombianos trabajaban ahí para ese entonces. Sólo tres empleados eran colombianos. La mayoría de los empleados eran de México. Estos "Tres mosqueteros" tenían mucha influencia con el presidente, que era muy débil de carácter. No tenía la habilidad de tomar decisiones por su cuenta. Por lo tanto, tenía muy poca autoridad para tomar la decisión de eliminar a este empleado que estaba causando tanto daño. La forma de operar de este vicepresidente era autócrata. Quería que las cosas se hicieran a su modo. No aceptaba la opinión de la gente, mucho menos si estos eran hispanos, quienes eran la mayoría de los que trabajaban en la fábrica (95 por ciento.) De hecho, eran los hispanos quines habían logrado que esta compañía tuviera éxito. Pero debido a este estilo de administración, la actitud de los empleados empezó a cambiar. Actuaban como si la compañía ya no les importara, la producción comenzó a deteriorarse. A pesar de las recomendaciones que yo hacía como gerente de recursos humanos y del descontento de la gente en la planta, no se veía una solución. Finalmente el presidente tomó la decisión, y me comentó, " voy a despedir a este hombre mañana en la mañana". En efecto, lo despidieron, el presidente le permitió ir a su oficina y a la planta para que se despidiera de la gente. Bueno, esto fue una sorpresa para mí, pues nunca pensé que lo fueran a despedir. Me había convertido en el único hispano en el ámbito administrativo que quedaba. Y sabía que a raíz de este incidente las cosas se iban a poner difíciles para mí de ahí en adelante.

Mucha gente del departamento de producción, que me conocía de tiempo atrás, vino a sugerirme que solicitara la posición de vicepresidente que había quedado vacante. Ya que tenía mucha experiencia en el campo, solicité la posición. El presidente me comentó que estaba pensado en mi futuro con la compañía pero en otra posición y que para este cargo iba a nombrar a otra persona ya que él quería gente joven en las posiciones claves.

Me nombró a sus candidatos y todos eran muy jóvenes, de origen anglosajón. Le dieron la posición a otra persona. Esta persona no sólo no tenía experiencia ni la educación requerida, sino que también era un hombre irresponsable, bebedor y no tenía respeto por ningún empleado. Pero él era anglosajón y joven. Todos en la compañía tomaron este nombramiento como una broma. Fue un desastre para la compañía.

Después de que el vicepresidente fue despedido, mi vida se volvió una pesadilla. Todo el equipo de gerencia, con excepción de uno, estaba en mi contra. Teníamos dos reuniones a nivel gerencial a la semana, una referente a las operaciones y la otra de comunicación. En cada una de estas reuniones yo era víctima de sus ataques por cualquier cosa que estuviera yendo mal. El presidente de la compañía, con lo débil que era, no podía poner orden en estas reuniones. Permitía que esta gente me insultara. Yo era el único gerente hispano, por lo que ellos podían decir cualquier cosa. No tenía caso defenderme, ya que no tenía el respaldo de nadie en la gerencia. Las ofensas no eran solamente para mí: ellos ofendían a todos los hispanos en la planta. La forma como estos gerentes se expresaban de nosotros era diciendo que los hispanos éramos estúpidos e ineptos. Como éstos, otros tipos de abusos verbales se practicaban en la fábrica también. Yo no podía abrir la boca para defender a los hispanos. Es más, uno de los vicepresidentes me dijo que yo no debía escuchar a los trabajadores hispanos, que tenía que responderles diciéndoles que se callaran y que se fueran a trabajar.

A pesar de todo esto, yo no quería renunciar. Finalmente, el 19 de Abril de 1992, fui despedido porque, según el presidente, estaban eliminando la posición de recursos humanos debido a la situación económica de la compañía. De acuerdo con el presidente, no podían pagar mi salario, por lo tanto tenía que marcharme. Los miembros del equipo de gerencia habían puesto mucha presión al presidente para que yo fuera despedido. Él no tuvo otra alternativa. En realidad mi despido se debió a mi descendencia hispana y en represalia por haber recomendado fuertemente el despido del vicepresidente. Anterior a mi despido, hubo una reunión relacionada con otros despidos que se iban a llevar acabo. Sorprendentemente, el supervisor que escribió la carta acusando al vicepresidente, también estaba en la lista. Protesté enérgicamente por este injustificado e ilegal despido. Les recordé al equipo de gerentes que este hombre había trabajado para la compañía por más de veinte años, que era mayor de cuarenta años de edad y que, sobre todo, era un buen empleado. Todas sus evaluaciones eran perfectas y que no había motivo para despedirlo. A pesar de que su despido fue injusto, este hecho no les importaba en lo absoluto a estos individuos.

De acuerdo con el presidente de la compañía, mi posición fue eliminada por razones económicas. Sin embargo, al mes de mi despido, la compañía otorgó un aumento de sueldo general. El ser despedido de una compañía después de muchos años de servicio es deprimente, especialmente cuando este hecho es injusto y pone en crisis la situación económica de un individuo. Por tal razón, se estableció una demanda por despidos injustos en contra de la compañía, la cual se decidió a favor de nosotros los empleados.

En 1985 había obtenido mi licenciatura en administración de empresas, pero pensaba que esto no era suficiente. En vez de sentir lástima por mí mismo, decidí poner al día mis conocimientos y empecé a estudiar para obtener una maestría en administración de empresas *(Master in Business Administration, MBA)*. El costo de la universidad era muy elevado, pero mis calificaciones eran excelentes, por lo que me ofrecieron en la universidad una beca: 30 por ciento de reducción del costo. El resto fue pagado con préstamos del gobierno para estudiantes y, una vez que empecé a trabajar, mi nuevo patrón pagó por mis estudios. Obtener el MBA no fue fácil, especialmente con todos lo problemas que tenía en mi vida. Estaba cansado, pero dos años más tarde estaba participando en la ceremonia de graduación. No lo podía creer. Parecía un sueño, pero tenía el diploma en mis manos.

A pesar de tantos problemas por los que estaba atravesando en esta compañía continuaba llamando a Celia. No tenía mucho dinero o teléfono en casa, sin embargo, seguía gastando en teléfonos públicos, llamándola a Los Ángeles diariamente. Mientras ella estaba en Los Ángeles, yo debía cuidar del edificio que ella había comprado con mi ayuda dos años atrás. Esto consumía gran parte de mi tiempo y me producía muchos gastos. Los inquilinos me llamaban al trabajo por cada problema. Lo peor de todo, es que tenía que pagar por las reparaciones, mantenimiento del edificio, anuncios en el periódico y todo lo demás. Sin embargo, no podía tomar dinero de los alquileres para cubrir estos gastos. El dinero del alquiler debía ser exacto.

Tuve que conseguirme un trabajo adicional a medio tiempo. Trabajé para una agencia de viajes. Empecé a viajar casi cada fin de semana a ver a Celia, utilizando la excusa que tenía que trabajar promocionando la agencia de viajes para poder ganar comisiones. Durante el tiempo que estuvo Celia en Los Ángeles, ella insistía que nos debíamos casar por la iglesia en su país. Una vez más terminé accediendo a su presión complaciéndola. ¡Otro error! Por su propia iniciativa buscó una Iglesia Católica en Los Ángeles e hizo lo imposible para conseguir que un cura certificara que nunca me había casado por la iglesia. La Iglesia Católica en su país pedía este certificado. Alguien completó el resto de la documentación necesaria falsificando mi firma en su país. Celia viajó primero a su país. Llegó un viernes.

Yo iba a llegar el sábado en la mañana, pero perdí el vuelo y no pude llegar hasta el lunes. Cuando llegué, Celia y su familia tenían todo preparado. Fuimos a la iglesia a confesarnos. ¡Dios mío perdóname, pero una vez más estaba cometiendo un acto inmoral! Pensaba en mi familia y tenía muchas dudas en mi mente, pero ya no podía dar marcha atrás, pues estaba en medio de toda su familia. Lo único que me dije en mis adentros fue "Dios, no quiero hacer esto". Pero a Celia no le importaban mis sentimientos, lo único que quería era casarse, especialmente en su país para demostrar a su familia, amigos y a su ex novio que se estaba casando por la iglesia. Antes de irnos a la iglesia traté de hablar con Celia y hacerle razonar que yo no podía hacer esto, le dije, Celia "tú sabes que yo ya estoy casado por la iglesia. Lo que estamos haciendo no es correcto". Ella me contestó, "nadie lo sabe y tú puedes anular tu otro matrimonio". No tenía ninguna conciencia de lo que estábamos haciendo. Era una farsa, un fraude, no sólo para con su familia, sino también para con Dios. Después de la boda, regresamos a Estados Unidos, ella a Los Ángeles y yo a Chicago.

Regresando a 1983, en uno de mis muchos viajes a mi país, mi madre estaba desesperada. Mi hermano Pablo había comenzado a beber en la misma forma que yo lo hacía cuando estaba joven. Él estaba casado y no podía controlar el vicio de beber. Mi madre creía que alguna persona le había hecho un maleficio. Al terminar mis vacaciones, mi madre y mi hermano me acompañaron a Cali para despedirme. En el viaje mi madre me iba contando acerca del problema de mi hermano.

Al llegar a Cali, la esposa de mi tío le comentó a mi madre que había un brujo que había ayudado a muchas personas con distintos problemas y que valía la pena ir a verlo para consultar el problema de mi hermano. Yo tenía mucha curiosidad por conocer al brujo y pospuse mi viaje un día más. Al siguiente día, mi tía, mi tío, mi madre, mi hermano y yo fuimos a la casa del brujo. Mientras nos acercábamos al lugar era fácil deducir cuál era su casa, pues había una cantidad enorme de gente que esperaba junto a su puerta y en la calle. Cuando finalmente llegamos y pasamos, vimos que el cuarto de espera estaba completamente lleno, por lo que esperamos al igual que los demás afuera en la calle. Mi tío y yo estábamos alejados de los demás. El brujo salió de su casa y vino directamente hacia nosotros. Me señaló con su dedo y me dijo: "tú has sido destruido por alguien y has perdido mucho dinero. Si continúas así, puedes terminar en la calle o loco". Dijo que me tomaría nueve días para curarme, que valía la pena hacer el intento y que no me cobraría ni un centavo. Quedé petrificado. Me detuve a pensar lo que el brujo me había dicho. Mi tío y yo le contamos al resto de la familia lo que me había dicho este individuo. Mi familia no lo entendía, pero me dijeron, "Quédate, no tienes nada que perder."

En ese entonces, yo estaba viviendo en mi propio mundo, no creía en nadie. Pero, de todas maneras, me quedé los nueve días. Tenía que atender a estas sesiones cada día. Durante las sesiones, me bañaba con agua ardiente (un licor colombiano), fumaba unos cigarros ceremoniales y rezaba. Para mí todo eso era nueva experiencia, el ser objeto de este tipo de ceremonias, y estaba asustado. También me dio a tomar un brebaje por las noches para limpiar mi estómago. En efecto, vomitaba cosas extrañas, que hasta llegué a pensar que algo andaba mal conmigo. También me dijo que en tres meses iba a encontrar trabajo. (Créanlo o no, tres meses después así ocurrió; conseguí el trabajo de recursos humanos). Cuando realmente empecé a creer que algo andaba mal conmigo, en mi desesperación, busqué más ayuda.

Visité a muchos de estos brujos. Era sorprendente notar la atención que atraían de gente de diferentes clases. Al principio me sentía terriblemente apenado, pero la ansiedad de curarme era persistente. Yo hubiese dado lo que fuera por ser una persona normal otra vez.

Debido a que mi hermano continuaba con su vicio de beber, decidimos traerlo a Estados Unidos. Yo creo que mi hermano estaba consumiendo otras sustancias también, lo que hacía peor la situación para mi madre y para su familia. Por varias circunstancias no pudimos conseguirle la visa. La única alternativa que teníamos era traerlo por México. Utilicé todos lo recursos que tenía y obtuvimos la visa para que entrara a México. Mi compadre y yo fuimos por mi hermano a México para ayudarle a entrar a Estados Unidos. Las cosas no eran tan fáciles como yo pensaba. Cuando Pablo llegó a Ciudad Juárez, la migración mexicana lo arrestó.

Nos reunimos con la gente de migración en una cantina en la tarde. Desgraciadamente el nombre y el apellido de mi hermano coincidían con el de un narcotraficante en México. Los oficiales de migración no lo querían dejar en libertad. En realidad, tenían planes de torturarlo para descubrir por qué había ido a México. De todas maneras nosotros les explicamos que queríamos llevarlo a Estos Unidos. Nos dijeron que para poder liberarlo deberíamos pagar

2,000 dólares (la mordida) y que si no traíamos el dinero, lo iban a torturar. Así que le pedí prestado a mi cuñado. Ahora Pablo estaba fuera de la cárcel. ¿Pero cómo íbamos a hacer para cruzar la frontera? De pronto, un hombre vino hacia nosotros y nos ofreció sus servicios. Nos cobraba 100 dólares para llevar a Pablo al otro lado de la frontera. El hombre nos dijo que estaría ahí en tres horas. Esperamos por casi ocho horas, pero no aparecía. Mientras esperábamos, muchos agentes de migración andaban rondando. Afortunadamente no nos hicieron preguntas. Llegamos al punto de pensar que habían arrestado a Pablo otra vez, por lo que tuvimos que regresar a México. Encontramos al hombre, nos dijo que mi hermano estaba en un hotel a salvo. Fuimos a buscarlo. Estaba golpeado, agotado y en malas condiciones. Finalmente habíamos logrado que cruzara la frontera y entrara en Estados Unidos.

Al siguiente día nos levantamos muy temprano para volar de regreso a Chicago. En el aeropuerto en El Paso, Texas, y mientras abordábamos el avión, dos agentes de migración estuvieron parados en la puerta del avión. Le advertimos a mi hermano que no dijera nada y que se mantuviera calmado. Los tres estábamos bien vestidos y aparentábamos ser hombres de negocios. Gracias a Dios, no nos hicieron preguntas y, finalmente, cuatro horas más tarde, llegamos a Chicago. Pablo fue a vivir con Ernesto.

¿Haría esto nuevamente con otro miembro de mi familia? ¡De ninguna manera! Agradezco a mi compadre por ayudarme en esta odisea y por el hecho de poner su propio status migratorio en riesgo por ayudarnos. Pero, en realidad, fue un gran riesgo y pudimos haber sido arrestados.

Capítulo VII

En julio de 1985 Celia fue transferida de regreso a Chicago. Yo todavía vivía con Carmen y mis hijos, pero fui forzado a decirle a Carmen que quería el divorcio. Porque había cometido bigamia, tenía que divorciarme de las dos, de ella y de Celia. Sin embargo, continué viviendo con Carmen y mis niños. En marzo de 1986, sin importar que estuviéramos divorciados o no, Celia quería que me fuera a vivir con ella. Yo no lo quería hacer porque tenía miedo que, al dejar a mis hijos, los expusiera a las mismas experiencias que yo tuve que vivir cuando era niño. Para fines de 1986 decidí dejar a Celia de una vez por todas. Inmediatamente después de haber terminado nuestra relación, ella colocó un anuncio en una revista buscando a alguien con quien salir. Si ella hubiera tenido la oportunidad de remplazarme por alguien, lo hubiera hecho de inmediato. Aparentemente, no había encontrado a nadie igual o mejor que yo, o mejor dicho, alguien que la complaciera. Desde diciembre de 1986 hasta septiembre de 1987, yo no la llamé ni hablé con ella para nada.

En septiembre tuvimos una larga conversación telefónica. Hablamos por alrededor de tres horas. Al día siguiente, que fue un viernes, como a las 10:00 de la mañana, Celia me llamó al trabajo y me pidió que fuera a su casa. En efecto fui hasta su casa y comenzamos nuestra relación otra vez. Me dijo muchas veces que dejara a Carmen. Yo tenía todo su apoyo para hacerlo. Durante este tiempo, Celia trabajaba por las noches. Llegaba del trabajo a su casa a las 5 de la mañana. Yo la llamaba al medio día y durante la noche estábamos juntos hasta las 8:30. Como de costumbre, el 23 de septiembre estuve con ella y tuvimos relaciones sexuales. Luego tomó una ducha y se fue al trabajo. Al día siguiente la llamé desde mi trabajo a las 10 de la mañana, pero no estaba en su casa. Continué llamando hasta el medio día y no respondía. Decidí ir hasta su casa y tampoco estaba ahí. La esperé, llegó a las 2. Le pregunté dónde había estado. Me respondió que estuvo en la casa de una amiga. Mi pregunta era, entonces por qué no me había llamado al trabajo. La apariencia de Celia dejaba mucho que desear: no traía maquillaje y su blusa estaba salida. Le volví a preguntar qué había sucedido. Me contestó muy incómoda, "nada". Comencé a acariciarla y me rechazó. Le pregunté si ella había estado con alguien más. Se agitó y me respondió que no. Lamentablemente las evidencias decían lo contrario. Me dio mucha ira y regresé al trabajo. Yo no tenía la menor duda de que Celia había estado con otra persona. Yo confiaba en Celia en un 100 por ciento, pero desde ese día le perdí la confianza.

Entre 1982 y 1990, Celia quedó embarazada en varias ocasiones, pero cada vez los había perdido. Después de algunos tratamientos médicos tuvo una cirugía a fines de 1986. Nos habíamos dejado de ver nueve meses. En octubre de 1987 quedó embarazada otra vez. El médico nos indicó que iba a tener algunos problemas durante los tres primeros meses, pero que en esta ocasión Celia iba a poder retener al bebé.

Durante los primeros tres meses estuvo muy enferma, incluso fue admitida en el hospital para tratarla. Los médicos la revisaban a diario. Yo pasé con ella en el hospital día y noche. Una vez que la dieron de alta iba a verla a su casa todos los días. En las noches que no trabajaba me quedaba con ella hasta tarde. Estaba en constante comunicación, me mantenía corriendo de un lugar a otro por ella. Celia, aún sabiendo que yo no iba a dejar a mis hijos, quiso tener al bebé, creía que así iba a poder obligarme a quedarme con ella. Cuando pasaron los primeros tres meses, el médico nos informó que ya el riesgo había pasado. Para el sexto mes de embarazo tuvimos una discusión y se enojó conmigo porque yo no me iba a vivir con ella. Cuando fui a verla me echó de su casa y, como de costumbre, me humilló con su acostumbrado abuso verbal, usando un vocabulario soez y enfermizo. A pesar de todo esto traté de hablar con ella en muchas ocasiones, ya fuera por teléfono o en persona. Le decía que yo quería estar ahí junto a ella cuando el bebé naciera. Celia se negaba, me decía que no me necesitaba, que me fuera al diablo y que comiera mierda. A pesar de todo esto, yo insistía constantemente, pero sin ningún éxito. Celia quería estar sola para provocar lástima en sus familiares y amigos. En varias ocasiones le envié cartas pidiéndole que me diera la oportunidad de ayudarla. Cuando le hablaba por teléfono le decía que la iba a cuidar y que iba a estar en el hospital junto a ella. A lo que Celia me respondió, que si yo iba al hospital, se levantaría de la cama, aunque estuviera sangrando, y que me echaría fuera con la policía, como ya lo había hecho anteriormente. Yo sabía muy bien que Celia era capaz de esto y mucho más. Continué llamándola, pero me colgaba el teléfono.

De acuerdo con mis cálculos el bebé nacería a fines del mes de julio. El 23 de julio de 1988 llamé una vez más a la casa de Celia. Su compañera de cuarto me dijo que ella tuvo el bebé el 21 de julio y que estaba en la casa de su hermano. Inmediatamente llamé a su hermano, le pregunté si me permitía ver a mi hijo. Me contestó que no había problema, que podía ir a conocer a mi hijo. Cuando Celia me vio, comenzó a llorar y a acusarme por no haber estado con ella en el hospital. El lunes, 24 de julio, fui hasta el hospital a cambiar el apellido del bebé, puesto que Celia lo había registrado como Carlos Torres, su apellido materno. Además, el segundo nombre del niño coincidía con el mismo que el de su ex novio en su país. Decidimos darle mi apellido al bebé. Para ser honesto había tomado la decisión de ir a vivir con Celia. Me sentía culpable por lo que le había hecho pasar y quería recompensarla. Pero dentro de mí, siempre tenía el temor de que su actitud hacia mí no cambiaría nunca. Esperaba que ahora con su hijo ella finalmente cambiaría de actitud, pero las cosas no fueron como yo esperaba.

Carmen y yo teníamos la costumbre de mandar a los chicos a Colombia cada verano a quedarse con mis familiares para que tuvieran la oportunidad de aprender más español. El verano de 1988 no fue la excepción. Mi hija Nancy me llamó para pedirme permiso para quedarse en Colombia e ir al colegio allá durante el otoño. Hice los arreglos necesarios para que todos se fueran a la escuela en Colombia. Debido a que ellos se iban a quedar allá, Carmen tenía que ir también. Al principio, ella se enojó mucho y se rehusó. Pero al final pensó que, debido a la forma como las cosas iban entre nosotros, nuestras vidas eran un infierno de todos modos. Decidió entonces que era mejor irse, asumiendo que para cuando los chicos quisieran regresar, yo estuviera fuera de su vida. Carmen y los chicos estuvieron en Colombia por más de un año. Yo me había quedado solo, confuso y sin poder tomar una decisión. Me parecía que había cometido otro error al alejarme de mis hijos nuevamente. Tenía la libertad de estar con Celia todo el tiempo que quisiera, pero no me quedé una sola noche en su casa. Siempre regresaba a mi casa y esperaba la llegada de diciembre ansiosamente para ir a mi país a ver a Carmen y a mis hijos. Los tres meses de espera hasta diciembre fueron una eternidad. Mientras Carmen y los niños estaban en Colombia los llamaba casi todos lo días. En una ocasión, cuando les hablé por teléfono, mi hijo Tony me preguntó si él podía regresar a Estados Unidos. No quería quedarse en Colombia. Por supuesto la razón principal para que ellos estuvieran allá era Celia. El que ellos estuvieran allá era sólo un pretexto. Cuando regresaron a Chicago las cosas continuaron igual.

No quería dejar a Celia y tampoco podía dejar a Carmen. Continuaba mintiendo, creyendo que todo estaba bien. Pensaba que yo tenía todo bajo control. Un día llamé a Carmen del trabajo y le conté que tenía un hijo llamado Carlos. Le pedí que me aceptara y le prometí que no regresaría con esa mujer nunca más, pero no fue así.

Admiro a Carmen; ella no quería destruir nuestra relación. Tenía la esperanza de que las cosas cambiarían. Ella sobre todo protegió la estabilidad mental y emocional de mis hijos. Nunca habló mal de mí. Siempre les dio a mis hijos la fuerza para seguir adelante. Se aseguró de que mis hijos me respetaran como su padre.

Un día Carmen necesitaba hablar conmigo, me buscó por todas partes. Era el cumpleaños de Carlos. Para poder salir de mi casa, le había dicho a Carmen y a los niños que tenía una reunión en Indiana y que tenía que ir con un compañero. Carmen no me creyó. Presentía que algo estaba ocurriendo. Ella no tenía el número de teléfono de Celia, por lo que llamó a la nana de Carlos. Ella le dijo que probablemente yo estaba en la casa de Celia y le dio él número de la casa y del trabajo de Celia. También le dijo que le daba mucha decepción y pena cómo yo permitía que Celia me tratara frente a la gente. Le informó que Celia abusaba de mí y que yo no hacía nada para parar este abuso.

¡Qué sorpresa cuando Carmen llamó a la casa de Celia en la tarde! Celia contestó el teléfono y me lo pasó. Cuando dije "¿hola?" Me dijo "hola Negrito". No lo podía creer. Simplemente contesté "voy para allá". Celia me preguntó quién era y le contesté que era de la pastelería, que el pastel de Carlos estaba listo. "Tengo que ir a recogerlo", le dije. Inmediatamente salí a buscar un teléfono público para llamar a Carmen y le conté la verdad.

Carmen siempre me había tratado con dignidad. Cuando la nana le contó a Carmen todo esto, ella estaba muy enojada, no podía creer cómo yo había permitido que Celia abusara de mí. La persona que la nana le había descrito, por seguro que no se trataba de su esposo. Parecía difícil creerlo, pero era la verdad. Mi imagen y personalidad eran diferentes. Ya me había ganado el respeto de mi familia. Yo era muy dedicado a las personas y muchos de ellos me buscaban para orientarlos y aconsejarlos. Pero, ahora, esta ya no era mi realidad.

El comportamiento abusivo de Celia no sólo estaba dirigido hacia mí, sino hacia otras personas también. Por ejemplo, ella le gritaba e insultaba a las nanas, las trataba como si fueran personas ignorantes y estúpidas. Ella esperaba que la nanas cuidaran al niño, hicieran el trabajo de la casa, le lavaran el carro, todo esto por un salario de 100 dólares a la semana. Esto era un abuso. Yo compensaba a las nanas dándoles dinero extra para que cuidaran a Carlos. Por la forma en que Celia las trataba, la mayoría de las niñeras le duraban poco tiempo.

Durante el verano, ocurrió otro incidente. Después de asistir a las clases de verano, Carlos tenía que comenzar a ir a la guardería. Celia le había dicho a la nana que me dijera que yo llevara al niño a la guardería. Cuando llegué a la guardería la directora me informó que Carlos ya no estaba registrado ahí. Me informó que habían tenido una experiencia muy desagradable con la madre de Carlos. Ella había comenzado a gritar y a insultarlos porque le habían cobrado 50 dólares adicionales que ella debía de la inscripción anterior. La directora estaba muy enojada y no quería tener ningún tipo de negocio con nosotros. No querían ver a esa mujer nunca más. Pedí disculpas y pagué la inscripción de Carlos en la guardería. Este tipo de incidentes ocurría también con su familia, especialmente con su hermano y su cuñada. Celia usaba un lenguaje muy vulgar con su hermano. En varias ocasiones escuché la forma cómo trataba a su hermano, como si fuera un perro. Le insultaba con palabras muy fuertes. Esto era simplemente ridículo. Las mismas cosas sucedían con su cuñada, María. Celia creía que María no pertenecía a una clase social alta, por lo que ella no merecía respeto. María me comentó que a Celia la conocían en su trabajo como "La Loca" porque había tenido algunos incidentes con el jefe de María.

En 1990 Celia queda embarazada otra vez, pero decide abortar. Le pedí en muchas ocasiones que no lo hiciera. Pero no podía hacer nada al respecto. Era su decisión. Más tarde me culparía a mí por esto. Me decía que por mi culpa ella no había tenido al bebé.

Capítulo VIII

En mayo de 1992, Celia se fue de vacaciones a su país. En el viaje perdió el equipaje y me pidió que le ayudara a encontrarlo. Para poder encontrarlo tuve que hacer algunas llamadas a Miami y a su país. A su regreso ni siquiera me agradeció lo que había hecho por ella. Por el contrario, se molestó porque había hecho las llamadas desde su teléfono. El cargo por las llamadas era de 125 dólares los cuales me exigió que le pagara. A pesar de la pequeña cantidad de la factura, esto representaba un gasto para mí, pues yo tenía muchas otras cuentas que pagar de ella.

Antes de que ella se fuera de vacaciones nuestra relación iba muy bien. A su regreso a Chicago, me llamó al trabajo y me dijo que fuera a ver a Carlos y a sus padres, que habían viajado con ella. Fui a su casa en la mañana. Celia, sus padres, mi hijo y yo almorzamos y hablamos muy placenteramente acerca de su viaje. Cuando llegué al trabajo la llamé por teléfono. Pero para entonces su actitud era muy diferente; ella cambió completamente. Le tuve que preguntar qué era lo que le sucedía, me contestó "nada," y me colgó el teléfono.

El cumpleaños de Carlos se acercaba y Celia quería que comprase todo lo necesario para la fiesta. Gasté mucho dinero. La fiesta de Carlos fue un domingo. El martes le pregunté que sucedía, por qué había cambiado tan drásticamente. Ella ni siquiera me dejó terminar la oración, cuando empezó a insultarme. Se mofaba de la forma como yo hablaba delante de Carlos y sus padres. Traté de calmarla, pero ella continuaba diciéndome que me fuera y me abría la puerta. Pensé que tal vez había cometido un error y comencé a rogarle que me perdonara. Delante de sus padres y de Carlos me arrodillé, le besé los pies y le dije: "Por favor Celia, ¿qué fue lo que hice mal? Por favor, perdóname por lo que sea".

¿Dios mío, que había pasado conmigo? ¿Qué fue lo que esta mujer hizo conmigo? ¿Por qué esta humillación? Me dijo que me fuera. Me dijo que me detestaba y continuaba el abuso verbal. Sus padres estaban asustados y le pedían que se calmara, pero ella no les escuchaba.

Continué cuidando de Carlos. Lo llamaba a diario. Lo recogía en la casa, lo llevaba a la escuela, e iba a la casa a verlo dos o tres veces por semana después del trabajo. No importaba qué tanto hiciera por Carlos, para Celia nunca era suficiente. Aunque no había visto a Celia o hablado con ella por algún tiempo, en muchas ocasiones, frente a Carlos, me llamaba "escoria", "basura." Me decía que cualquier persona podría ser mejor padre para Carlos que lo que yo era. Estos comentarios quedaron marcados en la mente de Carlos y en algunas ocasiones, me preguntó: "¿Tú no eres basura, verdad papi?" Yo le contesté, "nunca pienses esas cosas acerca de tu padre o de tu madre".

Los padres de Celia se fueron a fines de agosto. Su madre, antes de irse, me suplicó diciéndome: "Por favor quédese con ella. No deje a Celia, por dentro ella es una persona muy buena. Usted es la única persona que la conoce muy bien y ella está sola aquí. Prométame que va a cuidar de los dos".

Un sábado en la tarde, cuando Celia estaba trabajando, fui a buscar a mi hijo. Carlos y yo estábamos sentados en las escaleras de enfrente hablando, cuando un hombre se acercó a nosotros y me entregó un sobre para Celia. Noté que el timbre del correo era de su país: era una carta de su ex novio, Pérez. Celia había comprado una casa nueva y a pesar de que todavía no se había cambiado, le había dado la nueva dirección a Pérez. La carta fue entregada en su casa nueva y el dueño me la entregó a mí. Cuando vi el sobre, no supe qué hacer. Me lo llevé conmigo y fui a ver a una amiga. Le conté la situación. Me dijo que la única manera de saber lo que estaba ocurriendo era abriendo el sobre. Cuidadosamente lo hicimos. Entonces supimos lo que estaba pasando. Celia había estado con Pérez en sus vacaciones, su relación había comenzado nuevamente. En la carta él decía: "Cecilita, gracias por el hermoso reloj que me enviaste con tu madre. Tu madre me llamó tan pronto llegaron aquí. Fui hasta su casa y me entregó tu carta y el reloj. Amo a tu madre como si fuera la mía. El reloj que me diste es muy bonito, gracias otra vez. Voy a tenerlo en mi muñeca por el resto de mi vida". No lo podía creer, pero era verdad. La pregunta ahora era, por qué su madre me había hablado de la forma como lo hizo antes de irse. No lo podía entender. En la carta, Pérez decía que extrañaba a Carlos. Decía que Carlos era como su hijo o mucho más que eso. Y mencionaba muchas cosas más. Todo esto me parecía un sueño. Al otro día hice que tuviéramos una llamada de conferencia entre Celia, Pérez y yo. No era un sueño. Descubrí que ella lo llamaba muy a menudo.

En octubre, Celia estaba en el proceso de cambiarse a su casa nueva, comprada por 220,000 dólares después de haber dado un depósito de 120,000. Comenzó a cambiar su actitud hacia mí nuevamente. Ahora estaba muy especial conmigo. La ayudé a cambiarse a su nueva casa. Una semana más tarde, su turno del trabajo cambió también. Ahora, ella debía empezar a las 3:30 de la mañana. La nana de Carlos se había marchado por el trato que Celia le daba. ¿Y ahora quién iba a cuidar a Carlos tan temprano en la mañana? La compañía para la que yo trabajaba tenía solo dos turnos. Bueno, empecé a mentirle a Carmen otra vez. Le decía que me tenía que levantar muy temprano porque la compañía tenía problemas con la organización de un sindicato. Para poder cuidar a Carlos tenía que salir de la casa a las 2:30 de la madrugada. Celia tenía que salir a las 3. En ese tiempo yo estaba estudiando para obtener mi grado de maestría y, para poder tener éxito en la escuela, tenía que estudiar un de mínimo treinta horas a la semana. También trabajaba más de cuarenta horas y, ahora, tenía que cuidar a Carlos en la madrugada. Me iba a la cama a las 11 de la noche porque me tenía que levantar temprano. No podía dormir. Tenía que llegar a casa de Celia a tiempo, de lo contrario, ella se enojaba conmigo. Tenía que mantener la paz con ella.

Una madrugada, la policía me detuvo dos veces por sobrepasar el límite de velocidad. Llamé a Celia para explicarle la razón por la que me estaba tardando. Ella no me dio la oportunidad de decir nada y empezó a gritarme y a insultarme. Cuando llegué estaba furiosa y se fue a su trabajo inmediatamente, no esperó ni siquiera escuchar lo que había ocurrido. Continué con este patrón de vida por cuatro meses. No dormía lo suficiente, pero eso a Celia no le importaba.

Para este tiempo Carmen había ido a visitar a mi cuñada, y ésta le dijo a Carmen que mi hermano estaba molesto conmigo porque yo debía dinero a diferentes personas en su trabajo. Mi hermano decía que no sabía lo que yo hacía con el dinero y el que Carmen ganaba, que por qué yo siempre estaba gastado y sin dinero. Carmen le contestó a mi cuñada que ella no sabía acerca de mis deudas y le dijo que ella estaba esperando que pasaran las navidades para pedirme que me fuera de la casa. Yo tenía un buen salario, pero siempre necesitaba dinero. ¿A dónde se iba mi dinero? No lo sé.

Carmen y yo acordamos separarnos durante la primera semana de enero de 1993 y yo estaba dispuesto a dejar mi casa el día tres. Hablé con Celia acerca de esto, pero ella no quería aceptarlo, quería que me fuera a vivir con ella de inmediato, pero yo no podía. Después de una discusión con Celia decidimos que me cambiaría en enero. Pareció como una coincidencia, pero el 20 de diciembre, como a las 3 de la mañana, Carmen y yo recibimos una llamada telefónica de Colombia, comunicándonos que mi sobrino había muerto en un accidente. Esta noticia nos sorprendió a todos. Mis hijos tenían una buena relación con él. Tenía veinte años. No quería dejar a mis hijos en ese momento, pero todo estaba planeado para que me fuera a la casa de Celia en enero.

El 3 de enero llamé a Celia a su trabajo para decirle que estaría en su casa a las 2 de la tarde, pero estaba ocupada y no pudo tomar el teléfono. Llamé a su casa y le dije a la nana que si llamaba Celia le dijera que yo llegaría después de las 2 de la tarde. En ese tiempo Celia salía de trabajar a la 1.

Puse toda mi ropa en mi carro y me fui a la casa de Celia como a las 2, pero cuando llegué no había nadie. La casa estaba cerrada. La llamé desde una tienda. Nadie contestaba el teléfono. Fui hasta la casa de su hermano para ver si ella estaba ahí, pero ellos no sabían nada de ella. Fui de lugar en lugar tratando de buscar dónde podía estar. Llamé a su casa cuando el abuso se vuelve adicción y nadie contestaba. Finalmente, a las 6:30 de la tarde, ella contestó el teléfono. Una vez más me trató con un vocabulario denigrante. Utilizó palabras como: maricón, miserable, escoria, estúpido, ladrón. Me dijo que fuera a su casa, que la cochera estaba abierta. Me sentía inmensamente solo. No sabía a dónde ir. Había dejado mi casa. La casa donde se suponía que iría a vivir no era mía, era de Celia. Pero, finalmente, me fui a su casa.

Cuando llegué estaba furiosa, no me ofreció que entrara ni me preguntó que me había ocurrido. No le importaba el hecho de que había dejado a mi familia ni de cómo me fui. Después de discutir, y por la forma como actuaba, le pregunté si quería que me fuera. Me contestó que ese era mi problema. Me dijo que lo mejor para nosotros era que yo me fuera de su casa. Me dijo "Por favor, no vuelvas a mi casa. Llévate el resto de tu ropa".

Esperé treinta minutos en su sala. Ella estaba lavando ropa. Cuando me vio me dijo: "¿No te has ido todavía?" Me fui de su casa, pero no tenía a dónde ir. Llamé a Carmen. Ella había hablado con mis hijos. Estaba llorando con ellos. Me dijo que les estaba explicando la situación a mis hijos. Colgué el teléfono.

Ese domingo por la noche manejé entre mi casa y la casa de Celia cuando el abuso se vuelve adicción. No sabía qué hacer. No quería ir a la casa de Celia, pero al mismo tiempo quería ir. Me metí a una barra y pedí unos tragos. Llamé a mi hermano y le pregunté si podía ir a su casa a conversar con él. Me dijo que me iba a esperar. Seguí bebiendo y no fui a la casa de mi hermano. Por el contrario, llamé a Celia. Me preguntó de una forma muy amable: "¿Vas a venir a casa ahora?"

Le respondí que había estado tomando unos tragos, que le iba a llamar más tarde y me respondió que estaba bien. Más tarde la llamé otra vez y el teléfono estaba ocupado. La volví a llamar y seguía ocupado. Intenté tres veces más y seguía ocupado.

Finalmente, como a las 10:30 de la noche, fui de regreso a la casa de Celia. Cuando llegué nadie abrió la puerta. Me regresé al bar. Llamé a Carmen. Le dije que estaba en el bar tomándome unos tragos y que no había decidido todavía qué hacer. Carmen me dijo que hiciera lo que yo creía que fuera lo correcto. No estaba molesta; ella entendía lo que me estaba ocurriendo. Me dijo: "No tomes, que esa no es la solución. Cálmate".

Era cerca de la medianoche cuando llamé a Celia y, el teléfono estaba ocupado todavía. Compré una botella de brandy y decidí ir a la autopista para matarme. Entonces comencé a recordar algunas conversaciones que había tenido con Carmen acerca de mis hijos y de cómo ellos no habían tenido a un padre cuando lo necesitaban. Pensé "¿qué clase de ejemplo les estaba dando? ¿Cómo me iban a recordar?" No, tenía que enfrentar la situación.

De pronto, me encontré estacionado frente a la casa de Celia. No sabía qué hacer. Su teléfono estaba descolgado, ella no quería contestarlo. Estuve ahí y no quiso abrir la puerta. Sólo por curiosidad salí del carro y toque el timbre de su puerta. Ella abrió la puerta inmediatamente y estaba muy contenta. Le pregunté acerca del teléfono, por qué estaba descolgado. Me dijo que no lo había notado. En el pasado Celia solía desconectar el teléfono para manipular la situación.

Al siguiente día, llamé a Carmen al trabajo y le dije que yo realmente no quería irme a la casa de Celia. No sabía qué hacer y me sentía culpable por todo lo que había hecho. Una vez mas pensé que lo mejor era matarme y acabar con esta pesadilla. Llamé a Carmen durante todo el día. Hablamos acerca de lo mismo cuando el abuso se vuelve adicción. Mi preocupación era cómo Celia se iba a comportar en el futuro. El día había terminado y estaba nevando.

Esa noche, antes de sacar mi ropa del carro, decidí hablar con Celia. Primero, pensé que no iba a soportar más ese abuso verbal que ella tenía conmigo. Le abrí mi corazón y le dije que lo único que yo quería era que ella me tratara con respeto y dignidad y, sobre todo, que parara el abuso verbal hacia mí, especialmente delante de Carlos. Ella me respondió que ella no iba a cambiar. Me dijo que yo lo pensara otra vez. Si es que esto era conveniente para mí, me podía quedar con ella, de lo contrario, debería dejar su casa inmediatamente. Salí de su casa y me fui a un hotel. Al día siguiente llamé a Celia de nuevo, me dijo que lo había pensado mucho y que había llegado a la conclusión de que no me quería en su casa nunca más.

Capítulo IX

El 4 de enero de 1993 Carmen llamó a su psiquiatra para explicarle lo que estaba ocurriendo conmigo. La psiquiatra le dijo a Carmen que me indicara que fuera de inmediato a su consultorio. Fui a verla. Quería hospitalizarme inmediatamente. Me aconsejó que cortara todo tipo de comunicación con Celia e incluso con Carlos por un período de seis meses. Otros tres médicos me evaluaron y llegaron a la conclusión de que sufría el Trastorno Obsesivo-Compulsivo, depresión, y síntomas de una persona sobreviviente de abuso. Todos estaban de acuerdo en que debería cortar todo tipo de comunicación con Celia y mi hijo. Me sometieron a una terapia intensa que incluía medicamentos. Al comienzo, no me sentía tan fuerte, tenía la necesidad de hablar con Celia y Carlos. Estaba preocupado por mi hijo, me preocupa la forma como su madre me iba a tratar frente a él, pero este tratamiento era lo mejor para Carlos y para mí, por lo que no lo llamé. Hice todo esto por él. De lo contrario estaría junto con él, complaciendo a Celia, siendo su sirviente.

No llamé a Celia ni a Carlos, esperaba que ella me llamara. Nunca lo hizo. Celia llamó a mi hermano el 11 de enero para quejarse de mí. Mi hermano no le prestó mucha atención. Celia quería invitar a mi hermano a su casa. Mi hermano le pidió un par de días para pensarlo. Celia volvió a llamarlo después de unos días. Me dijo mi hermano que al inicio de la conversación fue amable, pero en el momento en que mi hermano mencionó que él no tenía nada que decir acerca de ella o de mí, se enojó y comenzó a soltar improperios acerca de mí. Mi hermano no le dio importancia y le colgó el teléfono. Me parecía que a Celia no le quedaba otra opción que aceptar que nuestra relación había terminado. Pensé que me llamaría, pero no lo hizo. Llamó a su novio en su país el 2 de Febrero. ¿Cómo yo supe de esto? Jugué el papel de detective. Llamé a la compañía de teléfonos y solicité copia detallada de la factura de llamadas de larga distancia que ella hacía. A Celia no le importaba Carlos y mucho menos yo. Celia sólo estaba interesada en ella misma. Yo estaba desesperado por mi hijo. No sabía cómo estaba. Cuatro semanas más tarde, no me pude aguantar más y lo llamé. Él estaba feliz de oírme. Lo primero que me preguntó fue: "¿Papi, estás en un avión? ¿Cuándo vas a regresar?"

Tenía la necesidad de ver a Carlos. ¡Pobre niño! Él no tenía nada que ver con esto. Él me necesitaba y yo tenía que estar ahí para él.

Dos días después de que hablé con mi hijo, un alguacil llegó a mi oficina y me entregó los papeles de divorcio enviados por Celia. Ella quería todo: la custodia total de Carlos, pensión alimenticia, seguro de vida, educación para Carlos, manutención, etcétera; pero yo no podía ver a Carlos. Celia mantenía una constante comunicación con su novio, de acuerdo con la factura de llamadas y hasta creo que ella se comunicaba frecuentemente con él mientras estaba conmigo.

Durante este tiempo me permitieron hablar con Carlos sólo por teléfono. Después, ella le prohibió a su compañera de cuarto que dejara que Carlos contestara el teléfono. Yo sólo podía tener noticias de Carlos a través de su compañera de cuarto. No podía hablar con él. Más tarde, ella cambió las reglas otra vez. No podía llamar a su casa. La comunicación entre Carlos y yo fue cortada. Cuando llamaba, su compañera de cuarto no podía decirme nada acerca de Carlos porque Celia le había prohibido que me diera alguna información acerca de mi hijo.

De enero a junio de 1993 había tenido la oportunidad de ver a mi hijo solamente una vez. Tuve que llevar a la corte a Celia para poder obtener la autorización de ver a mi hijo el día del padre. El día del cumpleaños de Carlos, le llamé, Celia no permitió que hablara con él.

Para ese tiempo el proceso de divorcio iba avanzando. En octubre, Celia me llamó al trabajo. Me sorprendió su llamada. Me llamó para insultarme porque yo había contratado los servicios de un buen abogado en Chicago. Como siempre, ella lloró. Continuaba llorando sin decir ni una palabra. Minutos más tarde me dijo que tenía cáncer y colgó el teléfono. Tenía que llamarle nuevamente. Cuando le llamé, ella estaba todavía llorando. Me volvió a repetir que tenía cáncer, pero que ese no era mi problema. Me dijo que ella podía manejar la situación, que no me necesitaba. Continuó insultándome y me dijo que si ella tenía cáncer era por mi culpa. Para mí, esta era una situación muy crítica. Empecé a sentirme culpable. No sabía qué hacer. Oré mucho, le pedía a Dios que ayudara a Celia, esperando que el cáncer que ella mencionaba no fuera real, que fuera sólo una falsa alarma.

Al siguiente día, llamé a Celia para saber cómo estaba y para ofrecerle mi ayuda y apoyo. Ella rechazó toda ayuda de mi parte. Estaba muy desorientada y continuó insultándome. Se repetía el mismo viejo patrón otra vez. Pero debía llamarla. Había cometido un error muy grande. Yo era la persona responsable por su cáncer. Yo debía salvar su vida. Tenía que hacer algo. Desde ese momento, lo único que hacía era pensar en la enfermedad de Celia. Un día me pidió que cuidara a Carlos porque ella tenía que hacer algo importante. Pensé que tenía que ir al hospital para unos exámenes. No sabía a qué hospital tenía que ir. Fui a buscar a Carlos, después empecé a llamar a algunos hospitales, hasta que encontré a dónde había ido. Carlos y yo fuimos hasta el hospital. Una amiga de ella estaba en el hospital y nos informó que le harían una cirugía a Celia con el propósito de conocer qué tan serio era su cáncer. Esperamos hasta que terminó la cirugía. Después de hablar con el doctor, Carlos y yo nos fuimos del hospital.

En la tarde, llamé a su casa para saber si estaba allí. En efecto, ya había llegado. Cuando fui a dejar a Carlos a la casa, su hermano estaba ahí. Me invitó a pasar y me preguntó si quería pasar a saludar a Celia en el segundo piso. Ella afirmó que no quería verme. Dejé su casa con la idea de que tal vez al siguiente día me iba permitir verla.

Celia tenía que esperar tres días para obtener los resultados de la cirugía. La llamé al día siguiente para saber como estaba. Me contestó con su voz y actitud demandante que sólo estaba esperando la llamada de su médico con los resultados. Tres días después de la cirugía, su médico llamó para informarle que tenía que hospitalizarse inmediatamente porque los resultados habían indicado que el tumor era maligno y que tenían que extirparle un seno.

Tan pronto la llamé, empezó a insultarme culpándome de su enfermedad. Yo acepté el hecho de ser el único responsable de su enfermedad. Pero no había nada que pudiéramos hacer al respecto. Continué pidiéndole que por lo menos me diera la oportunidad de ayudarla Después de muchas discusiones y de aceptar mi culpabilidad por muchas ocasiones, Celia aceptó mi ayuda. La única razón porque ella me quería a su lado era por nuestro hijo y porque yo tenía la obligación moral de ayudarla.

La llevé a diferentes lugares para que se hiciera los exámenes necesarios para prepararla para su admisión al hospital. La cirugía estaba programada para el 19 de octubre de 1993. La llevé a diferentes hospitales para pedir una segunda opinión y los resultados fueron los mismos. Me sentía culpable, tenía que hacer algo para salvarle la vida a Celia. Lastimosamente, nada se podía hacer y tuvo que ingresar al hospital.

Los padres de Celia viajaron desde su país, sus hermanos viajaron desde México. Vi a su familia un día antes de la cirugía. La atmósfera en su casa era muy incómoda. Todos ellos me decían que la enfermedad de Celia era por mi culpa. Delante de ellos acepté que yo era el único responsable y que tenía que pagar las consecuencias. Todos estaban de acuerdo a excepción del hermano de Celia que vivía en Chicago. Celia quiso que yo la llevara al hospital. Durante todo este tiempo, mientras estaba con Celia, supe que ella había estado en contacto con su novio. Es más, su madre hasta le trajo una carta de él.

El día de la cirugía, Celia, María (su cuñada) y yo fuimos juntos al hospital. Cuando llegamos ahí, Celia comenzó a caminar rápidamente, ignorándonos. María no entendía su actitud y hasta comentó: "Aún en estas circunstancias es un diablo".

Estuve con Celia hasta el último minuto, caminé con ella hasta la puerta de la sala de cirugías. Su familia estaba en la sala de espera. Todos me ignoraron, pero no me importó. Tenía que apoyarlos. Decidí ir a otro lugar a esperar que la cirugía terminara. Finalmente, el médico salió del quirófano y preguntó por mí. Me dijo que todo había salido muy bien y que pronto la podríamos ver en su cuarto.

En un momento, fui hasta una iglesia cerca del hospital para darle gracias a Dios por haberme ayudado a salir de este problema. La cirugía había sido un éxito. Todo estaba bien. La única idea que me venía a la mente en ese momento era enviar flores a su cuarto. Y lo hice. Me sentía mejor. No me sentía culpable como hacía unos minutos antes que el cáncer había sido removido. Pero faltaba mucho por recorrer todavía.

Fui el primero en entrar a su cuarto. Cuando ya todo estaba en orden, volví a mi trabajo. Trabajé por dos horas y regresé al hospital. Todos los días llegaba al hospital muy temprano en la mañana y me iba a las 10 de la noche. Durante este tiempo hice todo por ella. Me sentía agradecido de tener la oportunidad de ayudarla. Estaba ahí cuando me necesitaba. Le di todo mi apoyo. Celia hasta llegó a decirme que sin mi apoyo ella no sabía lo que hubiera hecho. Estaba sorprendida de la forma como yo la había apoyado. A pesar de que me trataba como a un perro, yo todavía estaba ahí junto a ella.

Una noche que llegué al hospital me dijo que el doctor la iba a dar de alta al día siguiente. Me pidió que viniera en la mañana porque quería que yo la llevara a su casa. Cuando llegué al hospital en la mañana empaqué todas sus cosas. Minutos más tarde llegaron sus familiares. Instantáneamente su actitud hacia mí cambió. Era indiferente. Me dijo delante de todos que la dejara en paz, que no quería volverme a ver. Me dijo: "Por favor firma los papeles de divorcio". Se dio la media vuelta y con un tono de voz dominante me dijo "adiós". Tenía una frialdad impresionante. Claro, ya no me necesitaba más. Salió del cuarto con su familia y me dejó solo ahí, en ese cuarto. Ninguno de ellos me dijo nada. Me quedé en el cuarto hasta que salieron del hospital. Me sentía destruido. ¡Qué estúpido había sido! Una vez más había sido humillado, no sólo por Celia, sino por toda su familia. Fue un momento muy triste. Después de que yo hice cosas por ella que otra gente no estaba dispuesta a hacer. De la manera como yo lo veía, ella planificó todo esto. Quería humillarme ante su familia. Lloré dentro de ese cuarto, le pedí a Dios que le diera fuerza y paz espiritual en su mente y en su corazón. Y lo más importante, le pedí perdón a Dios por las acciones de Celia.

Concluí que a pesar de lo que le pudiera ocurrir a Celia, ella nunca iba a cambiar. Yo siempre mantenía la esperanza que algún día cambiara. Dios la bendijo cuando nació Carlos, y yo pensé que ella sería una persona diferente una vez que fuera madre, pero no, ella no cambiaría. Dios le envió esta enfermedad y ni así cambió de actitud, pero aparte de cualquier cosa que le pudiera ocurrir, ella iba a continuar siendo la misma persona. Sintiéndose superior a todos los demás. Tenía el poder de destrucción en su alma. Su obsesiva superioridad, su actitud autoritaria, arrogancia y egoísmo nunca iban a cambiar.

Antes de que Celia abandonara el hospital, observé que uno de sus hermanos no demostraba respeto hacia los empleados del hospital, a su hermana y mucho menos hacia mí. Me pidió que habláramos, salimos del cuarto de Celia para hablar, pero antes ya Celia se había encargado de envenenarle el alma contándole lo malo que yo había sido con ella. En toda mi vida, esta fue la primera vez que veía a una persona tan diabólica como él. No era un ser humano. Sus ojos, su cara, sus pensamientos, sus intenciones, su frustración e incapacidad de expresarse como un ser humano, me obligaron a pensar que algo le había ocurrido en su vida. Él no estaba en contra de mí solamente, sino de todo el mundo. Se acercó y me dijo claramente: "Quiero matarte". Me repetía la misma frase cuando el abuso se vuelve adicción, muchas veces. También me dijo que ya había matado a dos personas antes en su país y que una más no iba a ser difícil para él.

Yo le contesté que durante los años en que Celia estuvo aquí sola, nadie estuvo a su lado, solamente yo la había acompañado. En aquellos años Celia necesitaba que su familia estuviera junto a ella. Por qué ahora nadie preguntaba cómo ahora ella tenía dinero, casas y edificios. Le pregunté, "¿No crees que es muy difícil para una mujer sola lograr todo esto?" Me destapé y continué diciéndole que la relación entre Celia y yo no podía haber sido tan mala, pues ella terminó con todas estas propiedades. Que, además, yo había perdido todas mis propiedades, que tuve mucho dinero y que acabé en la calle. Después de esta discusión, dejamos las cosas así. Él salió del hospital y luego yo.

Tres o cuatro días después, me llamó al trabajo el médico de Celia para informarme que los exámenes que le hicieron después de la cirugía indicaban que todo estaba normal. Que no había rastros de cáncer. También le recetó una medicina. Mis intenciones eran no volver a llamarla. Ya Celia no me importaba más, pero tenía que informarle lo que el médico me había informado y sobre la medicina que debía tomar. Al final decidí llamarla. Me contestó muy amable, una persona diferente a la que salió del hospital. No podía creer que me estuviera tratando de esa manera. Me preguntó por qué no había ido a su casa o por lo menos llamado por teléfono. Le mencioné el incidente del hospital y me contestó que lo sentía mucho. Lloró y me pidió que fuera a verla, que me necesitaba. Yo no tenía la fuerza para decirle que no. Me detuve en la farmacia para buscar su medicina y corrí a verla.

Para fines de octubre de 1993 sus hermanos se fueron, por lo que me tocaba llevarla de ida y vuelta a la clínica para su terapia. Para poder hacer esto, tenía que salirme del trabajo. No me importaban mucho mis responsabilidades. Celia empezó a tratarme con amabilidad. Pensé que estaría cambiando, pero, por cuánto tiempo, no lo sabía. No podía dejarla, me sentía culpable, inseguro y, a la vez, responsable por todo lo que había ocurrido. Ella y su familia me habían hecho creer que yo le había ocasionado el cáncer a Celia. Ella estaba sufriendo por mi culpa. Pobre Celia. Muchos recuerdos venían a mi mente, como el de la enfermedad de mi padre y la forma como mi media hermana me acusaba. Me preguntaba, "¿Para qué vine a este mundo? ¿Tan solo a hacerle daño a la gente?"

Capítulo X

Debido a las circunstancias, decidí ir a ver a mi terapista y contarle todo lo que me estaba sucediendo. Estaba muy confundido. Él me contestó que era lógico que me sintiera así, después de todo lo que me había ocurrido. Lo que Celia me había dicho eran acusaciones muy serias, pero que no me dejara manipular otra vez, me dijo. Me repitió, "Tú no eres Dios."

Continué viendo al psicólogo por largo tiempo. Esta era la primera vez que recibía una buena terapia basado en los hechos ocurridos en mi niñez y mi vida como adulto. Para principios de 1993 hasta mediados de 1994, descubrí muchas cosas acerca de mí mismo que no había podido reconocer por mi cuenta antes. El psicólogo me dijo que aún después de reconocer todos los hechos ocurridos, yo probablemente regresaría donde Celia. Mi situación emocional era la misma que la de un alcohólico; podía regresar a la adicción nuevamente. No era tan simple mi recuperación. Pero él sabía que lo podía hacer. Estos son los hechos que me ocurrieron en mi niñez que han afectado mi vida de adulto que mi terapista y yo descubrimos:

NIÑEZ	EDAD ADULTA
Abuso sexual por un sacerdote	Falta de fe; desconfianza con todos
Abuso sexual por un hombre	Culpa, vergüenza, confusión
Abuso sexual por una mujer	Indeciso; no le atraen u odia a las mujeres
Acusado por la muerte de mi padre	Sentimiento de responsabiliad por los demás
Alcoholismo	Escape de la realidad
Falta de amor de los padres	En busca de amor
Falta de amor de los demás	Desconfianza
Acusado de robo	Baja autoestima; inseguro
Padre político	Falta de credibilidad en la gente
Mi madre estaba sola	Compasión por los demás; desesperación
El hermano que se va en el caballo	Incapacidad para pedir favores
El hospital desolado	Temeroso que algo terrible iba a ocurrir

A pesar de saber que estar con Celia iba a volverme adicto nuevamente, no me importaba. Me gustaba ser tratado como basura por Celia y ahora por su familia. Mientras iba a ver a Celia a su casa, su novio Pérez continuaba llamándola para ver cómo estaba. Una noche que yo estaba ahí, llamó. Su hermano contestó. Pérez quería hablar con Celia, pero ella no estaba disponible, se encontraba bajo los efectos de un fuerte medicamento y de la quimioterapia. Su madre me llamó a un lado. Me dijo: "No le prestes atención a esa llamada, él esta tratando de tomar ventaja de la enfermedad de Celia. Él no es nadie, él es sólo una basura. Tú tienes mi apoyo", y me besó.

Me sentí tan irritado y molesto por esa llamada que me quería ir de inmediato de su casa. Más tarde Celia me llamó para decirme que se había enterado que Pérez había llamado. "Por favor, él sólo llama", me dijo. Le pedí que me dijera toda la verdad al respecto. Decidimos que yo tenía que hablarle y pedirle que no llamara más a su casa. En efecto, lo llamé y me dijo que no volvería a llamar nunca más.

Cuando analizaba todo este cuadro con mi terapista, capté que me encontraba dentro del mismo ciclo y que se repetía cuando el abuso se vuelve adicción. La inestabilidad mía estaba ahí. Entonces dejé de ver a mi psicólogo. Pensaba que estaba equivocado y que yo estaba en lo correcto. Empecé a mentir nuevamente a mi familia, mis amigos, mis compañeros de trabajo. Uno de mis mejores amigos, que fue mi jefe, sabía toda la historia. Dejé de llamarle a él también. Pensaba que lo que yo estaba haciendo era lo correcto. Si lo que estaba haciendo estaba bien, entonces ¿por qué engañar a mis amigos?

Mientras tanto, no teníamos dinero para pagar la casa. Estábamos bien económicamente antes de volver a ver a esta mujer, pero ahora estábamos atrasados seis meses. Una vez más estaba dejando en la calle a mis hijos. Mi inconsistencia, mi incapacidad de decidir, mi culpabilidad, mi pena por Celia, me habían llevado a comportarme como lo había hecho dos o tres años atrás. Debido a que permanecía en la casa de Celia hasta tarde, usualmente llegaba a mi casa muy tarde. Carmen y los niños estaban temerosos todo el tiempo. No me podían decir nada. Yo era la autoridad. Para calmar mi frustración, les gritaba y, lo que era peor, actuaba como un loco rompiendo los muebles, los espejos, en fin, todo lo que estaba enfrente de mí. Resolvía el problema intimidándolos y así evitaba tener que enfrentarlos. Al día siguiente me sentía culpable por todo lo que había hecho la noche anterior. Pero dos o tres horas más tarde estaba haciendo planes con Celia para mudarme a su casa.

Decidí dejar mi casa un viernes en el mes de noviembre de 1993. El día anterior iba en camino a ver a mi abogado.

Durante el trayecto tuve un accidente automovilístico. No me fijé que la luz del semáforo estaba roja. Esa noche, después del accidente, le hablé a Celia y le dije que me cambiaría al día siguiente, pero como no tenía carro, ella me tenía que buscar al mediodía. Me dijo "No hay problema." Esa noche mi espalda me dolía muchísimo, tanto, que tuvieron que hospitalizarme. Al siguiente día Celia esperaba mi llamada, pero yo estaba en el hospital. El doctor dijo que me tenía que quedar ahí por lo menos dos semanas. Estaba muy lastimado. Celia y su familia vinieron al hospital en algunas ocasiones. Insistían que tan pronto me sintiera mejor me debía ir a su casa.

Cuando estaba listo para que me dieran de alta, no llamé a Celia. Llamé a Carmen a su trabajo y le pedí que me viniera a buscar al hospital. Después de hablar con Carmen llamé a Celia y le dije lo ocurrido. Me preguntó, "¿Quién te va a ir a buscar?" Le respondí "mi hijo". En mi corazón quería que Carmen se acercara a mí. Carmen y mis hijos vinieron al hospital a buscarme. Tuve que quedarme en la casa por otras tres semanas.

En varias ocasiones había discutido con mi psicólogo mis sentimientos hacia Celia y concluímos que lo que sentía por Celia no era amor y que ella no me amaba tampoco. Había sido abusado desde que era un niño y buscaba seguir el mismo patrón. Era cómodo para mí. Celia era una abusadora.

Se aprovechaba de mí. Nunca iba a complacerla. Ella nunca iba a cambiar, me decía el psicólogo. Siempre iba a terminar humillándome a mí mismo junto a ella.

Cuando regresé a trabajar, las cosas habían cambiado. En el momento que esta compañía me contrató, había otro empleado que trabajaba ahí que había solicitado la posición. A pesar de que era muy agradable conmigo, él quería mi trabajo. Mi jefa y él eran muy buenos amigos. Usualmente él iba y venía con chismes. Cuando estuve en el hospital, él me jugo una mala pasada a mis espaldas. Tres días después que regresé al trabajo, mi jefa me dio una advertencia por escrito. Me decía que la razón de esto era porque había algunas quejas acerca de mí. Me dijo que yo no había sido capaz de hacer una presentación en español y que los empleados estaban confundidos. Le pregunté si ella había hablado con mis asistentes, que ellas eran bilingües y que ellas le podían dar un buen reporte al respecto. Me dijo que ella no hablaba con los empleados y menos si eran asistentes. Aparte de instigar con la advertencia, ella se rehusó a entregarme el bono de navidad de la compañía. Pensé que lo mejor era renunciar a la posición. Afortunadamente, había tenido una entrevista con una compañía que anteriormente me había ofrecido trabajo y que me había dicho que podía comenzar inmediatamente. Entregué mi renuncia a la compañía, dándoles dos semanas para que me remplazaran; mi jefa me dijo que dejara la compañía inmediatamente, que ya no estaba contenta conmigo. De todas maneras quería que saliera de ahí. Luego me enteré que mi posición se la había ofrecido al hombre que trató de hacerme la vida imposible.

Capítulo XI

Comencé a trabajar para una institución sin fines de lucro. Mientras trabajaba ahí, Celia, después de su terapia, nuevamente empezó a trabajar. Su horario de trabajo era muy variable, le habían cambiado su turno y trabajaría por las noches. Sus padres habían regresado ya a su país. Yo tenía que cuidar a Carlos hasta las 10 de la noche por lo menos tres días a la semana y durante los fines de semana. Como empleado nuevo de esta entidad, tenía que trabajar horas extras y a la vez tenía que cuidar de Carlos. Mi trabajo quedaba en la ciudad y debido a la congestión del tránsito en Chicago a las 5 de la tarde, me era imposible llegar a tiempo a buscar a Carlos. El presidente de esta entidad acostumbraba reunirse conmigo todos los días, después de las cinco de tarde, por lo que tenía que salir del trabajo alrededor de las 3:30, recoger a Carlos en la escuela, para luego regresar a mi trabajo.

En primer lugar, no era correcto que yo llevara a mi hijo a mi oficina. Y, en segundo lugar, la distancia que tenía que recorrer tanto de ida como de vuelta era demasiada. Para esto Carlos quería estar conmigo todo el tiempo, por lo que tenía que quedarse conmigo durante mis reuniones con el presidente de esta entidad. En una ocasión el presidente me dijo que no era aceptable que llevara a mi hijo a la oficina. Le mencioné a Celia el comentario que me hizo el presidente, pero a ella le dio igual. La situación continuaba sin ningún cambio. Debido a esto, el presidente me llamó la atención muchas veces. Me dijo, "Carlos es un niño muy bueno, pero no es apropiado para él estar en las reuniones de negocios". Finalmente, debido a esta situación decidí renunciar.

Mientras trabajaba para esta entidad, el presidente de una universidad me había ofrecido un puesto de director para una de sus extensiones. No la acepté, porque el sueldo que me ofrecían no era adecuado. Recomendé a Carmen para el puesto. Ella solicitó y le ofrecieron la posición. Carmen aceptó el trabajo en abril de 1994. Entre los meses de mayo a noviembre estuve desempleado. Inicié mi propio negocio como asesor y pensaba que me estaba yendo muy bien. Para el verano de ese año, dos hermanas de Celia llegaron de vacaciones. Por alguna razón Celia no quería que me encontrara con sus hermanas, pero ellas se ingeniaron y le dijeron a Carlos que me dijera que querían conversar conmigo. Fui hasta la casa de Celia y sus hermanas estaban ahí. Ellas fueron muy amables conmigo. Me hicieron preguntas acerca de nuestra relación, les conté lo que estaba ocurriendo y ellas me prometieron que hablarían con su hermana. Ese mismo día fuimos todos hasta el trabajo de Celia a buscarla. Ella estaba sorprendida de vernos ahí, pude notar un tono de alegría en su rostro. Desde ese día, llevé a las tres a muchos lugares. El comentario que Celia hizo en una ocasión fue: "Mis hermanas están muy contentas. Ahora contigo estamos inmensamente felices. Gracias Chanchito". Sus dos hermanas estaban felices por todos los lugares que habían conocido conmigo.

En noviembre del mismo año, la misma universidad me ofreció otra posición y acepté. Debido a que Carmen estaba trabajando en una extensión de la universidad muy alejada de las oficinas principales donde iba a trabajar yo, acepté el trabajo. No le hice ningún comentario a Celia de que Carmen y yo trabajábamos para la misma institución porque pensé que no era de su incumbencia.

Mientras estuve desempleado tuve la oportunidad de cuidar de Carlos todo el día. Celia estaba feliz de que yo estuviera con Carlos todo el tiempo. Después de que empecé a trabajar en la universidad Celia pretendía que continuara cuidando de Carlos como antes. Por lo que tenía que llevar a Carlos a todas partes, a la oficina y a los salones de clases donde enseñaba. Esta situación no era correcta desde ningún punto de vista. Pero yo lo hacía de todas maneras.

Un día Celia me llamó al trabajo. Yo había salido a visitar la extensión donde Carmen trabajaba, por lo que no me encontró en la oficina cuando llamó. De alguna forma Celia llamó a donde yo estaba. Al llamar, se dio cuenta que Carmen trabajaba para la misma institución que yo. Se molestó muchísimo. Traté de explicarle porqué Carmen estaba trabajando ahí, pero Celia no quería entender razones. Desde ese instante, Celia se dedicó a hacerme la vida imposible. Le escribió una carta al presidente de la universidad donde le decía que ella era mi esposa, que todos los beneficios que la institución me ofrecía debían estar a su nombre. No siendo la carta suficiente, fue personalmente a hablar con el presidente, a decirle toda clase de artimañas y mentiras acerca de mi persona. Cosas como que ella no sabía que estaba casado con Carmen, que la forcé a tener al niño, que no le daba dinero para la manutención de mi hijo, y más. Luego, no conforme con esto, llamó al departamento de Recursos Humanos para intimidarles con amenazas de que iba a publicar en los periódicos las prácticas de empleo que se aplicaban en la universidad, que iba a demandar a la universidad y, por último, que se iba a matar.

De alguna forma Celia había logrado establecer una relación con una mujer empleada en la universidad a la que por cierto yo no le agradaba. Celia, con la ayuda de esta mujer, se propuso hacerme la vida miserable y creo que lo logró. Esta mujer tenía un comportamiento terrible, no tenía respeto ni por ella misma, mucho menos por los demás. En cualquier oportunidad que se le presentaba no perdía el tiempo y trataba de destruirme, de arruinarme. Lamentablemente, de cierta manera, lo logró. Celia también le envió una carta a Carmen, diciéndole que yo estaba casado con ella y que Carmen estaba cometiendo un acto ilegal.

Al comienzo de mi empleo en la universidad, el presidente se comunicaba conmigo muy seguido, pero después de que Celia habló con él, su actitud cambió. Creo que perdí toda oportunidad de crecer profesionalmente en la universidad a partir de este incidente.

Uno de los tantos días que tenía que ir a recoger a Carlos a la guardería, llamé a Celia y le dije que ya había salido del trabajo. Salí a las 4 de la tarde, a las 4:30 Celia llamó a la secretaria de Carmen y le dijo que su carro estaba descompuesto y que ella necesitaba que yo fuera a arreglarlo. Cuando llamó preguntó: "¿Está mi esposo ahí? Obviamente la secretaria le contestó que no me encontraba ahí, a lo que Celia le contestó: "Usted está mintiendo. Él esta ahí y más le vale que le informe a mi esposo que estoy en medio de la calle y que necesito su ayuda". Los empleados de la esta extensión, por su comportamiento, también pensaban que estaba loca.

Un día no podía cuidar a Carlos, la situación se estaba volviendo ridícula. Tenía que llevar a Carlos a todos lados conmigo, a la oficina, al salón de clases, a las reuniones, a mis citas con el médico. En una ocasión tuve que asistir a una reunión fuera de mi oficina, llamé a Celia y le pedí que cuidara a Carlos por mí ese día, o de lo contrario que buscara una nana. Ella se rehusó a hacerlo. Me contestó que era mi responsabilidad y que debía llevarlo conmigo a la reunión. Yo era el único empleado en la universidad que llevaba a su hijo a las reuniones de trabajo. En esta ocasión le dije que no, que no iba a ser posible este día. Me vi forzado a colgarle el teléfono para no escucharle el vocabulario abusivo que empezó a usar.

Fui a ver a mi terapista para consultarle lo que estaba ocurriendo. Me dijo que debía dejar a Celia, que era una mujer diabólica, que vivir con ella o sin ella no era importante. Que cualquier cosa que hiciera por ella nunca iba a ser suficiente. Que ella no iba a cambiar. Y continuó diciéndome que tenía que entender que Celia había estado abusando de mí y, debido a que ella se sentía feliz abusando de mí, ella nunca iba a detenerse. Que actuaba como una mujer inmadura.

Llegué al punto que, cuando Celia me pedía que hiciera algo para ella, no sabía si lo estaba haciendo bien o mal. Estaba indeciso y me sentía temeroso de decírselo. Yo no necesitaba una mujer a mi lado que no se pudiera controlar y especialmente que se atreviera a llamar a mi trabajo. Por lo que decidí continuar con el proceso de divorcio. Debido al tiempo transcurrido desde los primeros trámites del divorcio, el caso se había cerrado. Tuve que reabrir el caso. Puse la demanda de divorcio nuevamente.

Ella no podía creer que yo hubiera tomado la iniciativa para el divorcio. En muchas ocasiones me había dicho que yo no iba a tener el privilegio de llevarla a la corte. Que quién era yo para demandarla. Me dijo que ella debería ser quien tomara la iniciativa, no yo.

La corte me había dado autorización para ver a Carlos los días en que Celia trabajaba en las noches. Aún con esto estaba ayudando a Celia a cuidar de Carlos desde las 6 hasta las 10 de la noche. Todo estaba yendo bien hasta que su horario de trabajo volvió a cambiar. Comenzó a trabajar en las mañanas, por lo que, por su puesto, yo tenía que ajustarme a su horario. Mientras Celia trabajaba en la mañana, yo no podía ver a Carlos para nada. De acuerdo a ella, yo podía ver a Carlos solamente cuando ella estaba trabajando, de lo contrario ella no me necesitaba. Yo era el padre de Carlos solamente cuando Celia no lo podía cuidar. Debido a su variable horario de trabajo esta situación continuó. Celia estaba utilizando a Carlos para que me dijera que ella nunca podía comunicarse conmigo. Comenzó a jugar con las leyes. No cumplía con la orden de la corte. Ella podía salirse con la suya cuando le daba su gana.

Para fines de noviembre de 1995 Celia empezó nuevamente a actuar amable conmigo. Hablamos acerca de la educación de nuestro hijo, de su estabilidad y de otras cosas más. La relación entre padres tenía que estar abierta por el bienestar de nuestro hijo.

El padre de Celia estaba enfermo en su país. Ella estaba preocupada por él. Me dijo que probablemente tendría que viajar. Más tarde su padre se recuperó pero Celia insistía que quería ir a verlo y, por supuesto, yo tenía que autorizar la salida de Carlos. No estaba en completo acuerdo con este viaje porque Carlos estaba en la escuela y tenía que perder una semana de clases. De todas formas accedí.

Llegó a su tierra natal un domingo. Para el lunes, Celia viajó a la capital, donde vivía su novio. Celia llevó a Carlos junto con ella para enseñarle esos buenos valores morales. Ya en la capital se alojaron en un hotel. Celia tenía muchos familiares en la capital, pero ni siquiera les habló por teléfono. ¿Por qué? Porque ella quería pasar la mayor parte del tiempo con su novio. Carlos luego me comentó que odiaba a ese hombre, también que durante el tiempo que estuvieron ahí su mamá besaba y acariciaba a ese hombre. Yo conocía a Carmen, mi esposa, y había vivido con ella por más de veintisiete años. Tenía cuatro hijos con ella y, aún así, según Celia, todavía no tenía la capacidad de proveerle valores morales a mi hijo. Estoy consciente que hay una marcada diferencia entre Carmen y Celia. Sé que los valores morales y la integridad de Carmen son altamente reconocidos. Carmen siempre actúo como una persona madura; en cambio Celia actuaba con su boca impulsiva antes que con su cerebro.

Después del viaje a su país, Celia cambió nuevamente. Empezaron los insultos y los abusos verbales. Celia había logrado lo que quería, estaba casada, pero podía viajar a ver a su amante. Podía hablarle, escribirle las veces que quisiera. Entonces hablarle y hacer viajes a verlo era una cosa normal. ¿Si no tenía nada de malo, por qué Celia no quería que Carlos se enterara de lo que estaba haciendo?

Continuamos en comunicación, pero las cosas ahora habían cambiado. Comencé a responderle de la misma forma como ella me hablaba. Celia decía que me insultaba porque yo era quien le decía cómo era ella. Debido a que esto venía de mí, me llamaba obsceno, ordinario, vulgar e inmoral. Durante estos últimos dieciséis años yo nunca había respondido a sus insultos. Aguantaba su abuso. Ahora las cosas eran diferentes. No iba a soportar sus abusos nunca más. Celia tenía que aprender a respetarme como persona y como a hombre de ahora en adelante.

Le doy gracias a Dios por haberme impedido cambiarme a su casa. Yo sabía que Carlos me necesitaba, pero estaba tomando la decisión correcta. Carlos no necesitaba ver a su padre como un hombre débil, sin carácter y abusado por su madre. El no necesitaba oír cómo su madre insultaba a su padre. Él debía aprender buenos valores morales, pero su madre se mantenía confundiéndole, diciéndole que yo era un mentiroso, un mal padre y otras cosas más. Su mente no estaba preparada. Dejé todo esto en las manos de Dios e hice lo que él me dijo que hiciera.

Capítulo XII

Carmen viene de una familia muy respetable. Ellos no eran adinerados, pero sí tenían valores morales muy altos. En el momento en que conocí a Carmen en Chicago yo estaba tan solo pasando el tiempo. Carmen era una mujer muy agradable, muy bonita y delgada. Nunca me pasó por la mente casarme con ella y en tan corto tiempo. Un día Carmen renunció a la compañía donde trabajábamos y me dijo que iba a volver a la escuela. En ese instante no le presté importancia. Yo tenía la idea de que regresaría a mi país a casarme con alguien allá pero, de pronto, me di cuenta que Carmen me hacía falta. Por alguna razón Carmen empezó a cambiar, ni siquiera quería hablar conmigo por teléfono. No podía imaginar a Carmen casada con alguien más. Hice lo posible e imposible para ver a Carmen pero, aún así, perdimos contacto por algunos meses. Sin embargo, después de un tiempo, nos encontramos otra vez.

La familia de Carmen era muy cuidadosa con ella, especialmente su mamá, que era muy cautelosa de no dejar ir a su hija sola a una invitación mía. Siempre enviaba a una de sus hijas con nosotros. Fuimos a diferentes lugares y pasamos momentos muy agradables. Carmen vivía a las afueras de Chicago y yo tenía que tomar el autobús hasta un pueblo cercano para poder visitarla. Ella me insistía en que debía comprar un carro y finalmente lo hice. Me compré un Ford Falcon del 1962 a un amigo. Al día siguiente me había levantado a las 4 de la mañana a practicar cómo manejar el auto. Después fui a visitar Carmen. Mientras estaba en su casa, su mamá me dijo que no porque ahora tenía carro podía visitar a Carmen a cualquier hora. Todavía recuerdo ese domingo muy claramente. Llevé a Carmen y a su hermana al lago. El carro no tenía tablillas, yo no manejaba a más de quince millas por hora y no tenía licencia de conducir. Pero aun así yo estaba muy orgulloso de manejar mi propio carro. Pasamos un rato muy bonito.

Al principio no pensaba en casarme con Carmen, pero yo no tenía los papeles legales para estar en este país. Inmigración me estaba buscando. Estaban supuestos a irme a buscar al trabajo. Yo sabía que Carmen era residente legal, por lo que decidí casarme con ella. Sentimentalmente yo estaba un poco confundido. Yo creía estar enamorado de alguien en mi país. Sin embargo, mi hermano me había escrito algunas cartas en las que me contaba que ella estaba saliendo con alguien más. Pensé "bueno, será que no me ama de verdad".

Como mi hermano Ernesto conocía a Carmen, le conté de mis planes de casarme con ella. Él me aconsejaba que no me casara todavía, que no me apresura, que esperara hasta estar seguro que en verdad la amaba. Él creía que no amaba a Carmen. Mi hermano pensaba que el matrimonio con Carmen duraría poco tiempo.

Después de casarnos, empezamos a conocernos mejor. Tal como lo pensé al principio, la cosa fue muy difícil. Los dos teníamos costumbres diferentes, por lo que pensé que nuestro matrimonio terminaría pronto. Muy dentro de mí tenía la idea de que iba a conocer a alguien y que me iba a enamorar perdidamente de esa persona, sin importar que estuviera casado o no. Creía que todavía me podría enamorar de alguien más, aunque estuviera casado.

Con el tiempo aprendía a conocer a Carmen y a su familia. Su madre era una mujer muy inteligente y solía darnos buenos consejos. Ella confiaba en mí al 100 por ciento. Murió relativamente joven, a los sesenta y dos años. Si ella aún estuviera viva y supiera todo lo que hice sufrir a su hija, creo que ni siquiera tendría el valor de mirarle a los ojos. La señora siempre me tomaba como ejemplo para la sociedad, decía que yo era un buen hermano, un buen hijo y

buen amigo. Me respetaba mucho y es por eso que a Carmen se le hace difícil entender por qué yo permití que Celia me humillara tanto y de la forma como lo hacía.

Nuestra primera hija nació en 1972, al año después de
habernos casado. En ese mismo año decidimos cambiarnos a un área suburbana, pues nuestros trabajos quedaban
ahí y porque creíamos que el suburbio era más seguro para
nuestra hija Nancy que la misma ciudad de Chicago. Carmen empezó a trabajar para una compañía grande cerca de
nuestra casa. Los dos trabajamos muy fuerte, no únicamente los días entre semana, sino también los fines de semana
y durante las noches. Teníamos programado ahorrar dinero para comprarnos una casa en Colombia y lo consegui-
mos. Para lograrlo, nos sacrificamos duramente, trabajando horas extras y varios trabajos a medio tiempo. Nuestro
segundo hijo, Tony, nació en 1974. Pero las cosas empezaron a complicarse, pues ahora necesitábamos una nana para
nuestros dos hijos. Mi mamá había permanecido con nosotros por un año, pero ya se había regresado para este
tiempo. Carmen tomó la decisión de trabajar en las noches,
pero aun así necesitábamos que alguien nos cuidara a los
niños, porque yo usualmente llegaba muy tarde del trabajo.
De todos modos la forma como estábamos cuidando a
nuestros hijos no era la más correcta. La nana que los cuidaba no era limpia. Un día, cuando fui a buscar a mis hijos,
encontré a Nancy durmiendo sobre una cobija sucia. Esto

ya era el colmo y pensé que lo mejor era mandar a Nancy con mi madre.

De todas maneras, en aquellos años teníamos el dinero suficiente como para comprar lo que quisiéramos. Pagábamos nuestras cuentas a tiempo. Teníamos buen crédito y tenía la costumbre de enviarle a mi mamá mensualmente su cheque. Solíamos ir a pasear al cine o al parque muy a menudo. Para entonces ya conocía a Carmen muy bien, y mi madre la conocía y se llevaba con ella muy bien también. Éramos muy felices. Acostumbraba comprarle ropa a Carmen, todo lo que compraba a ella le gustaba y lo usaba. Comencé a cuidar de Carmen de muchas maneras. Y lo mismo ella a mí. Nos acercamos mucho el uno hacia el otro. En algunas ocasiones salía solo, pues Carmen no quería acompañarme. Creía y confiaba ciegamente en mí. A veces yo le contaba que se me presentaban oportunidades de estar con otras mujeres, pero yo nunca tomé ventaja de estas oportunidades. Siempre respeté a Carmen. En las ocasiones cuando había fiestas en la universidad, yo siempre invitaba a Carmen a ir conmigo, pero ella prefería quedarse en casa. Después de haber conocido a Celia y de la invitación que le hice para que me acompañara a la fiesta, todo comenzó a dañarse en nuestro matrimonio.

Ahora me pregunto: ¿por qué Carmen aceptó tanta humillación y abuso de parte mía? Ella me aguantó mucho.

Ella fue la que se aseguró de que mis hijos crecieran mental y físicamente sanos. Nunca les habló mal de mí. Por el contrario, siempre les habló bien de su padre. Carmen nunca proyectó una mala imagen mía ante mis hijos.

Capítulo XIII

En 1994 nos mudamos a una casa más grande. Como no
teníamos el dinero suficiente para comprar la casa, la alquilamos con opción a compra. Tenía que pagar 25,000
dólares en un año. Al momento de firmar el contrato de
alquiler pagamos 9,000 al dueño y el resto teníamos que
pagarlo en un año. Yo esperaba obtener el dinero con la
venta de nuestra casa anterior, que la habíamos comprado
en 1986. Desgraciadamente, cuando vendimos la casa, teníamos una deuda de una segunda hipoteca que drenó el
valor residual que tenía. Por tanto, no nos sobró nada de
dinero al venderla.

Para poder mantener a Celia contenta yo había tenido que
pedir dinero prestado a un amigo, el cual me cobraba mucho dinero de interés. Cada vez me iba sobrando menos
dinero del cheque del trabajo, ya que tenía que pagar mis
deudas y los intereses de las deudas que había adquirido.

Con el poco dinero que me quedó de la venta de la casa
le pagué a mi amigo, pero esto no fue suficiente. Todavía le
debía dinero. Por lo que me demandó y mi sueldo fue re-
tenido.

Para entonces, Celia todavía no estaba al tanto de que
me había mudado a una casa diferente. Cuando ella se dio
cuenta se enojó muchísimo. Un día Celia decidió ir a dejar
a Carlos a mi casa con la única intención de fijarse dónde
estaba viviendo. Desde el momento en que terminé mi relación con Celia no me importaba lo que ella podía pensar,
pero no obstante mi esposa estaba preocupada. Un día Carmen me informó que nuestra hija menor le comentó que
alguien estaba vigilando nuestra casa. Le contesté a mi
esposa que ella se estaba imaginando cosas. Pero una camioneta Blazer verde oscura pasaba muy lentamente por
nuestra casa muy a menudo. Una noche mi esposa y yo llegábamos del trabajo en nuestro carro, cuando ella exclamó:
"¡Mira, ahí está!"

Estábamos a una cuadra de distancia, yo aceleré y comencé a perseguir al auto. Quería ver quién estaba manejando, pero la persona en el carro también aceleró. Se ade-
lantó como por seis cuadras y no pude alcanzarlo.

Después de este incidente mi esposa no podía dormir
por las noches. En dos ocasiones ella vio a un hombre correr

desde el patio posterior de la casa a la medianoche. Yo no lo quería creer, hasta que una noche me levanté por una vaso de leche y entonces logré ver al hombre. Él estaba corriendo hacia su carro, tenía la puerta abierta y el motor encendido. Esa misma semana descubrí que la cerradura de la cajuela de mi carro había sido forzada. Le comenté esto a mi esposa y decidimos cerrar los carros en el garaje. Después mi esposa encontró ropa interior de mujer sucia en mi carro.

Celia llamó a mi esposa al trabajo a insultarle. Mi esposa trató de razonar con ella, pero todo lo que Celia hizo fue gritar e insultarla. La siguiente semana tuvimos que llevar el carro de mi esposa al taller porque sus frenos estaban fallando. Cuando el carro estuvo listo mi esposa lo manejó hasta su trabajo, pero en la noche, cuando regresaba a casa, notó que los frenos otra vez no funcionaban. Llegó a la casa manejando muy despacio y llevamos el carro de regreso al taller. El dueño del taller estaba sorprendido porque él mismo había manejado el carro después del arreglo para probarlo antes de entregárnoslo. Nos arregló el carro por segunda vez. Esa noche, cuando Carmen manejaba de regreso, los frenos fallaron nuevamente. Esto ocurrió una vez más hasta que el mecánico nos preguntó que quién había estado alterando los frenos. Mi esposa usualmente estacionaba el carro en la parte de atrás del edificio donde trabajaba. Normalmente este era un lugar solitario. Pero, después de este incidente, Carmen decidió tomar el tren por unas semanas. Y a partir de entonces su carro funcionó perfectamente.

El juzgado decidió que el pago de la pensión alimenticia de mi hijo me lo descontaran directamente de mi cheque. Después de todas estas deducciones se me hizo imposible continuar con los pagos de la casa. No me sobraba mucho de mi salario. Naturalmente no pude pagar el resto del depósito según lo acordado y, peor aún, no me alcanzaba el dinero para poder pagar la mensualidad de la casa.

Traté de financiar la deuda de la casa con el dueño con los 9,000 dólares de depósito que le había dado, pero rechazó mi oferta y me llevó a la corte. Perdí el caso y perdimos la casa. Pronto recibimos la notificación de desalojo. Desde que vivíamos día a día, no nos quedaba dinero extra. Tampoco teníamos amigos, familiares o alguna forma de alquilar un departamento. Nos habíamos quedado sin casa y sin tener a dónde ir. Mi esposa pidió permiso en su trabajo para poner nuestros muebles en el sótano del edificio donde trabajaba, pero aun así no teníamos dónde vivir. En mi desesperación llamé a uno de mis primos que tenía un edificio. Su esposa estaba fuera del país y él estaba viviendo solo. Le expliqué nuestra situación y nos ofreció su departamento para que viviéramos ahí. El departamento era muy pequeño; no podíamos mudarnos todos ahí. Mi hijo menor se quedó con un amigo y mi hija menor se fue a vivir con su hermana mayor.

Mi situación iba de mal en peor. Tenía que mantener a mi familia, pagar el préstamo de mi amigo, pagar la pensión alimenticia y, por orden de la corte, tenía que pagar la diferencia del saldo del depósito de la casa. Y, encima de todo esto, Celia estaba determinada a arruinar mi vida. Ella llamaba a mi trabajo para hablar con cualquier persona que quisiera escucharla. Le envió una carta al presidente de la universidad pidiendo sus derechos de esposa en relación con mis beneficios. No contenta con esto, pide una cita con el presidente para verlo en la iglesia donde él usualmente celebraba misa, ya que también era sacerdote. Lleva con ella algunas fotografías de nuestra boda por la iglesia para mostrarle y le cuenta que yo la forcé a tener al niño, que nunca le había dado dinero para mi hijo, que ella nunca supo que yo era casado y muchas otras mentiras. El presidente queda convencido de todo esto y cambia su actitud hacia mí. Después Celia llama al departamento de recursos humanos pidiendo sus beneficios, tales como; seguro médico, utilidades y el plan de retiro "401B". Por último, amenaza a la institución con demandarla por malas prácticas de empleo y con que se va a matar.

Comienzan a infiltrarse los chismes en las oficinas en la universidad. Celia se contacta con una de las directoras de una extensión de la universidad, a quien yo no le agradaba. De antemano la directora ya trató de crearme problemas mucho antes de este incidente. Ella y la hermana del presidente encontraron la oportunidad perfecta para empezar a poner quejas y hacerme pasar malos ratos. Estas dos personas y, para mi sorpresa, hasta el que consideraba mi amigo, empezaron a hacerme la vida miserable. Me querían fuera de ahí. Es más, mi amigo me recomienda que Carmen y yo debíamos renunciar y vivir de la ayuda pública. Mi amigo estaba interesado en un ascenso en esta institución. Su experiencia y conocimientos acerca de negocios eran muy pobres. El no había tenido la oportunidad de trabajar en otras compañías y esta había sido su primera experiencia como gerente. Él tenía miedo que me dieran a mí el ascenso por mi experiencia y conocimientos. Por lo que me enterró el cuchillo en mi espalda, diciéndole al presidente qué tan malo era yo. Durante todo este tiempo yo había estado enfrentando todos estos problemas y presiones. Comencé a sentirme muy cansado, muy agotado, especialmente durante el último mes de empleo ahí. Había estado trabajando muchas horas los siete días a la semana.

Después de haber completado el período de inscripción de los estudiantes decidí tomar mis dos semanas de vacaciones. Mientras estuve en vacaciones las cosas en la universidad se pusieron muy feas.

El lunes, cuando regresé de mis vacaciones, el presidente de la universidad me llamó a su oficina y me dijo "Oliveiro, ha sido muy difícil para la universidad mantener tu salario. El plan de mercadeo que te pedí que hicieras no está listo". Me dijo que iba a llamar a una persona de afuera para que lo hiciera. Continúo diciendo: "Por lo que sería beneficioso para ti que renunciaras a tu posición".

El plan de mercadeo estaba listo. Yo lo había elaborado en detalle. En efecto, un profesor de mercadeo de la universidad Northwestern lo había revisado. Mi plan de mercadeo establecía los factores que la universidad necesitaba considerar para poder sobresalir, especialmente aquellos que se referían a asuntos internos. Lo más importante de mi plan era el enfoque de satisfacción al cliente. Pero, nada de esto sirvió, él no quería admitir que la universidad estaba siendo mal administrada. Una vez más me preguntó si yo quería renunciar. Yo sabía que al presentar la renuncia, no tendría derecho a recibir compensación por desempleo. Este sacerdote conocía muy bien mi situación financiera y todos los problemas que yo estaba enfrentando. Durante mi contrato de trabajo con ellos, fuera de mis problemas, yo nunca olvidé mis responsabilidades. Por el contrario, había trabajado muy duro para tener contento a mi jefe. Durante la campaña de reclutamiento de otoño de 1995, yo traje el mayor número de estudiantes inscritos en la historia de la universidad. Había podido reducir 25,000 dólares del gasto de publicidad en ese año.

De todos maneras él insistía en que debía renunciar, por lo que tomé la decisión de que era mejor que él me despidiera. Así lo hizo, dando como razón de mi despido: "poco rendimiento y mala utilización de los fondos de la universidad para asuntos personales". Estaba muy molesto por esta acusación. No había pasado mucho tiempo desde mí ultima evaluación y mi rendimiento era excelente. De todos modos, mi despido no debió sorprenderme. El presidente no tenía ningún conocimiento acerca de negocios o de administración. Para tranquilizar mi conciencia, llamé al contador de la universidad y le pregunté cuándo, cómo y dónde yo había utilizado los fondos de la universidad en mis asuntos personales. Él me contestó que todas las cuentas de mi departamento estaban muy claras y que él no estaba al tanto de este disparate. También me dijo que las cuentas a mi cargo eran las más detalladas, comparadas con las de los otros departamentos.

Muchos empleados de la universidad se enteraron de mi despido. Yo podía haber demandado a la universidad por despido injustificado y por difamación, pero ya no quería crear más problemas en mi vida. Al inicio de mi contratación con la universidad me ofrecieron pagarme una tasa fija para gastos de mi carro. Nunca lo hicieron. Yo viajaba diariamente de extensión a extensión y a otros lugares a hacer presentaciones para la universidad, no solamente durante la semana, sino los fines de semana también. Al final de mi empleo con la universidad mi carro estaba acabado. Yo entiendo que si un individuo no rinde correctamente en su trabajo, debe ser despedido, pero este no fue mi caso. Mi situación estaba relacionada con mis problemas personales, mas no con mi trabajo. Por lo tanto, mi despido debió haber sido manejado de una forma diferente. Por ejemplo: él me debió haber dado tiempo para buscar otro trabajo.

Para colmo, había estado teniendo problemas con venas varicosas y el médico me había recomendado que necesitaba operarme inmediatamente. Cuando trabajaba en el departamento de reclutamiento de la universidad no había tenido tiempo para la cirugía. Así que luego de que me despidieron, me admitieron en el hospital para la cirugía en las dos piernas. La compañía de seguro preaprobó mi admisión al hospital. Debido a mi condición diabética, ocurrieron algunas complicaciones durante la cirugía y tuve que permanecer por más tiempo en el hospital. Cuando dejé el hospital, el seguro no quería pagar la cuenta. El valor total de la factura ascendía a 12,000 dólares. Parece que la universidad rehusó pagarlo. Hasta hoy, esta cuenta no ha sido pagada.

Después que dejé la universidad, de paso las cosas cambiaron para mi esposa también. Ya no la invitaban a las reuniones de empleados, ella sentía que la estaban ignorando. El presidente de la universidad le envió un memorando en el que le indicaba que me prohibían entrar, no sólo a su extensión, sino a la universidad en general. Este memorando no fue enviado a las demás extensiones. Debido a esta situación tan incómoda para ella, decidió renunciar.

Mi esposa también trabajaba muchas horas. Al comienzos de 1995, ella tuvo un accidente. Se rompió una pierna, por lo que tuvo que caminar con muletas. No podía manejar y, aun así, nunca dejó de trabajar. Mi hija la llevaba y recogía todos los días, durante tres meses. El presidente nunca reconoció esto.

Capítulo XIV

Continuábamos viviendo en el mismo edificio, pero en diferentes apartamentos. Una de mis prioridades era reunir a mi familia otra vez y finalmente lo logré. El apartamento estaba infestado de ratas por fuera y de cucarachas por dentro; pero estábamos felices de tener un lugar donde vivir y de que estábamos juntos.

Hablé con mi esposa acerca de iniciar un negocio y ella estaba de acuerdo en que lo debía intentar. Se necesitaba el capital inicial y no teníamos ni un centavo, pero mi primo tenía dinero. Hablé acerca de esto con mi primo y a él le gustó la idea. Él tenía dinero e hizo el compromiso de trabajar conmigo. Por lo que empecé a buscar el local para el negocio. En esos días mi primo tuvo que salir fuera del país para encontrarse con su esposa y traerla de regreso a su casa. Mientras estuvo fuera de la ciudad, le hablé por teléfono para decirle cómo estaban las cosas y que ya había encontrado el local para alquilar. Me dijo que continuara con los trámites y que lo alquilara. Alquilé el local y empecé a tramitar la licencia con el gobierno para abrir el negocio. Nuevamente necesitaba hablar con él para concretar algunos papeles. Volví a llamarle y me dio la autorización para iniciar el trámite y procesara la documentación para formar la compañía.

A su regreso, le indiqué todo lo que había hecho y le gustó. Dos semanas más tarde me informó que ya no estaba interesado en el negocio. Para mí esta fue una mala noticia. Yo ya había alquilado el local, el negocio estaba iniciado, pero no tenía el capital necesario en el banco para los gastos iniciales. Mi esposa y yo teníamos unas cuantas joyas, incluyendo nuestros anillos de graduación. Los empeñamos y obtuvimos el dinero para pagar el primer mes del alquiler y poner en marcha el negocio. Un amigo me dejó usar su tarjeta de crédito para comprar cinco computadoras. Yo tenía que a pagar el total del préstamo en treinta días. Comencé a empaparme acerca del funcionamiento de las computadoras personales. Durante 1997 no tuve ninguna ganancia de dinero a mi favor. Trabajaba de catorce a dieciséis horas diarias tratando de echar adelante mi negocio. Todos los ingresos obtenidos cubrían sólo los gastos del negocio.

Finalmente, en junio de 1997, mis hijos vinieron a vivir con nosotros. Estábamos juntos y muy contentos. Pero un viernes en la tarde, mi hija de catorce años fue violada. Cuando llegué a mi apartamento, mi esposa estaba buscándola desesperadamente. Mi hija nunca antes había vivido en la ciudad, por lo que estábamos muy preocupados. Finalmente, llegó a la casa. Estábamos muy enojados con ella y empezamos a preguntarle dónde había estado. Noté pánico en su cara, pero ella no dijo nada acerca de la violación en ese momento. La rata que hizo esto era el esposo de la hijastra de mi primo. Este tipo vino a mi casa a decirme que él estuvo con mi hija buscando a unos amigos. Me dijo que él no sería capaz de hacerle daño a una niña como mi hija. Le contesté que no estaba pensando en algo tan monstruoso. También le dije que no creía que él fuera capaz de hacerle nada malo a mi hija porque él era parte de mi familia. Le pregunté por qué me estaba diciendo todo esto. Me dijo que su esposa y su suegra tenían una mentalidad muy sucia. Que lo acusaron de perderse con mi hija para tener sexo con ella.

Me enojé muchísimo, y le dije "más le vale que no sea así". Él me repitió que era incapaz de hacer algo así. Me dijo, que ella podía ser su hermana y que él respetaba su familia. Que tan sólo era que su suegra y su esposa eran muy mal pensadas. Yo le creí. Nunca me cruzó por la mente que este cerdo hubiera abusado sexualmente de mi pequeña niña. En ese entonces mi esposa y mi hija estaban en el baño. Mi hija le dijo a mi esposa que había sido este hombre el que la había violado. Pero le rogó a su madre que no me dijera nada porque tenía miedo de mi reacción. Ella quería mantener el secreto entre las dos. Le pregunté a mi esposa cómo estaba mi hija y me respondió que bien. Trataba de aparentar que no había ocurrido nada. Tres días más tarde mi esposa me dijo la verdad. Lo primero que hice fue decirles a mi primo y a su esposa lo ocurrido. En ese momento ellos se molestaron mucho y me dijeron que este hombre tenía que salir del edificio de inmediato.

Luego mi esposa y yo llevamos a mi hija al hospital. Le explicamos a la enfermera de la sala de emergencias lo ocurrido. Nos preguntaron que por qué nos habíamos tardado tres días en reportarlo. Los empleados del hospital nos indicaron que por ley ellos tenían que reportar todos los casos de violación a la policía. Mi hija no quería hacer el reporte con la policía porque estaba asustada. Ella aceptó ir al hospital para que los médicos la revisaran pero no quería que la policía se envolviera. De acuerdo con la ley este es un proceso normal. Hablamos con trabajadores sociales, oficiales de policía, detectives privados y empleados del hospital y todos nos aconsejaron que llenáramos el informe policiaco y que presentáramos cargos. La policía y los detectives nos dijeron que el violador debería ser arrestado. Decían que no lo podían arrestar sin que hubiera cargos en su contra. Finalmente mi hija accedió y llenamos el informe policial.

Me enteré por el informe policial que este cerdo llevó a mi hija a una calle desolada cerca de los rieles del tren. El examen médico indicaba que mi hija estaba bien y debía ir a citas semanales con un trabajador social. La policía nos indicó que iban a arrestar al violador inmediatamente.

Cuando llegué a la casa, este hombre estaba en el patio. Fui hasta el patio con intenciones de matarlo, pero corrió y se metió a su casa. Su esposa y su suegra salieron en su ayuda. Mi esposa y mis otros dos hijos salieron a ver lo que estaba ocurriendo. Desde ese día en adelante las cosas cambiaron para nosotros. La policía nunca vino a arrestarlo como prometieron. El tipo éste se pasaba en el patio jugando y burlándose de nosotros. Tenía el apoyo de su esposa, su suegra, mi primo, y sus otros familiares. ¡Dios mío, no sé cómo mi esposa, mis hijos y yo resistimos esta deshonra!

Vivir en este edificio era como vivir en el infierno. La esposa de mi primo era la persona más diabólica. Utilizaba el vocabulario más vulgar para insultarnos. Se aseguraba de hacernos la vida miserable. Decidimos retirar los cargos, pero al mismo tiempo no era saludable dejar en libertad a este canalla. Él estaba orgulloso de sus acciones. Toda esto era una situación asquerosa. La policía nunca llamó ni tampoco llegó. Tres semanas después llamé para averiguar lo que estaba ocurriendo. No pudieron darme explicación o respuesta de por qué nada había ocurrido, pero ese mismo día lo arrestaron. Más tarde la policía me llamó y me dijo que yo tenía que ir hasta la estación de policía con mi hija para firmar los cargos en su contra. Fuimos hasta la estación de policía. La policía me llamó hacia un lado y me indicaron que esa rata había confesado su crimen, pero que sería mi responsabilidad continuar con la demanda. El oficial de policía me explicó lo que iba a ocurrir. Primero que todo, podía ser puesto en libertad con una fianza de 100 dólares. Segundo, la fecha para presentarnos a la corte se fijaría en un par de semanas. Una de las cosas que ocurrirían sería que mi hija tendría que confrontar a este hombre en la corte y que esto iba a ser muy difícil para ella. Le dije al oficial que si este tipo ya había confesado su crimen por qué mi hija tendría que ir a la corte. Me contestó que la ley trabaja de esa forma. Basado en esto, decidí no presentar ningún cargo. No quería exponer a mi hija a un tribunal. Esto ya había sido muy traumático para ella. Debido a esto, el violador quedó en libertad a pesar de que la ley tenía conocimiento de su crimen.

Llamé a mi primo para contarle que su yerno había confesado el crimen, pero que yo no iba a presentar cargos en su contra por lo que le hizo a mi hija. La policía habló también con él, pero tanto la policía como yo nos percatamos que a él esto no le importaba en lo más mínimo. Nos mudamos de este edificio y tratamos de olvidar este incidente tan doloroso, pero no fue fácil.

Por otro lado, el negocio comenzó a crecer y finalmente empezamos a ver la luz. Mi obligación era enviar a mi hijo Carlos la pensión alimenticia durante 1997, pero debido a que no tuve ningún ingreso, no pude hacerlo. Para enero de 1998 empecé a recibir un pequeño ingreso y pude comenzar a hacer mis pagos para la pensión alimenticia de mi hijo, pero no la misma cantidad que usualmente pagaba. Llamé a mi abogado y me indicó que para poder disminuir la cantidad de la pensión tendríamos que ir a la corte para explicar ahí acerca de mis ingresos del año anterior y pedir que modificaran a una nueva cantidad. Yo no sabía esto.

Fuimos a la corte para hacer el ajuste, pero Celia no se presentó. El juez hizo el ajuste y yo comencé a enviarle a Celia el cheque. Una semana después ella protestó por la cantidad que estaba recibiendo de pensión y me llevó nuevamente a la corte. Ella quería que le pagara la misma cantidad que le pasaba anteriormente cuando trabajaba en la universidad. No entendía que ahora yo no podía hacer ese tipo de aportación. Apenas había comenzado el negocio y mis ingresos solamente cubrían mis gastos. Tuvimos que ir a la corte en muchas ocasiones. Acabé gastando mucho

dinero en abogados. Ella no quería entender mi situación.
Le pedí que me diera más tiempo, pero se negaba. Es más,
envió un investigador privado a investigar mi cuenta en el
banco, pero yo estaba quebrado.

Yo entendía que mi obligación era pagar la pensión de
alimenticia para mi hijo, pero no me alcanzaba. Ella ya se
había quedado con mucho dinero mío. Había llegado a la
quiebra por ella. Durante mi romance con esta mujer gasté
muchísimo dinero en ella. Nunca me importó que mi familia no tuviera lo suficiente. Celia era lo más importante para
mí. Pero ahora, esta mujer no necesitaba este dinero. Tenía
mucho dinero en el banco y además era dueña de acciones
y de un edificio de seis apartamentos. En realidad recibía
tan buen ingreso de los apartamentos que alquilaba que lo
que tenía que pagar por su casa era mínimo. El edificio estaba casi pagado. También era dueña de otra casa que está
casi pagada y dos carros que ya estaban pagos. ¿Cómo fue
que ella acabó con tanto dinero?

Un día que fui a buscar a Carlos me di cuenta que ella
se había casado. Al comienzo me sentí incómodo, pero después comprendí que era lo mejor para ella y para nosotros
también. No tenía la menor idea de quién era el esposo, pero no me importaba. Eso era asunto suyo; sólo me preocupaba mi hijo. Comprendí que todo este tiempo Celia había
estado jugando con tres hombres a la vez. Todo lo que una

vez sentí por ella se había desvanecido. Ahora estoy convencido que el sentimiento que yo tuve hacia ella no fue amor: fue compasión; fue obsesión; fueron muchas otras cosas; menos amor.

*****

No fue facil enfrentar los abusos que sufrí durante mi niñez y a lo largo de mi vida. Pero más aún, me fue difícil enfrentar el sufrimiento que pasaron mi esposa y mis hijos. Los innumerables abusos que recibí en mi niñez, marcaron un camino de dolor, que por ende pagó gente inocente por daños hechos por gente perversa. A continuación quiero que lean los comentarios hechos por mis hijos y mi señora.

Entrevistas con mis hijos

PILAR

Pilar, la menor de mis hijos, nació en Colombia en 1983. A la edad de 12 años, ella escribió; "Siempre he tenido una vida buena. Mis padres siempre han tratado de darme lo mejor que han podido. Yo sé que a veces es difícil para ellos darnos gusto a todos. Mi mamá es la mejor. En ocasiones ella se pone tensa pero esto se debe a las cosas que ocurren con mis hermanos y mi hermana. Puedo decir lo mucho que mi mamá ha sufrido por la forma como se presentaron las cosas, pero ella se ha portado muy comprensiva con todo esto.

Mi padre es un gran padre. Cuando estaba pequeña, recuerdo que tenía un temperamento muy malo. Con el paso de los años, su temperamento ha ido mejorando. Él ya no se enoja como antes lo hacía. Ahora es calmado y ha aprendido a manejar las cosas sin perder el control de sí mismo. No entiendo porqué él perdía el control de esa manera. Pienso que a lo mejor mi padre estaba bajo mucha presión la mayor parte del tiempo por razones que tal vez no pueda entender nunca. Cuando estaba enojado, acostumbraba romper cosas en la casa. Yo tenía miedo por mi mamá, mis hermanos, mi hermana y yo. A veces recuerdo que mi papá no pasaba los fines de semana con nosotros. Mi mamá le tenía miedo. Recuerdo que en una ocasión mi papá le tiró una mesa a mi mamá. No hubo una razón válida para que él perdiera el control de esa manera. Quisiera poder saber qué le cruzaba por su cabeza en ese momento para reaccionar de esa manera. Sin importar lo que él hubiera estado pensando en ese instante, aún así no era correcto que él actuara de esa forma. Ahora las cosas están mucho mejor de como estaban hace tres años.

Cuando era pequeña siempre estaba un niño en nuestra casa todos los fines de semana. Todo lo que sé o lo que mis padres me dijeron era que lo tenían que cuidar y que su nombre era Carlos. Él era muy pequeño cuando lo vi por primera vez y era muy extraño. La razón por la cual era extraño era porque él le llamaba todo el tiempo "papi" a mi padre. Yo tan solo estaba en primero o segundo grado y no entendía porqué este pequeño a quien mi padre sólo cuidaba le llamara a mi papá "papá". Nadie me dijo que era hijo de mi papá, que era mi medio hermano y que mi papá había engañado a mi mamá con otra mujer. Cuando estaba en cuarto grado comencé a darme cuenta por mí misma de lo que estaba ocurriendo. Comencé a no interesarme en Carlos para nada. No sé realmente por qué. Fue y es muy difícil para mí entender cómo mi papá pudo engañar a mi mamá. Él no sólo engaña a su esposa sino también a su familia. De alguna forma siento que Carlos alejó a mi padre de mí. Es por eso que probablemente no tengo cariño por él cómo lo tenía antes de saber que era mi medio hermano.

Ahora estoy en séptimo grado. Carlos está en segundo grado. Él viene a casa sólo cuando le conviene a su mamá. Creo que su mamá ve a mi papá como la nana de Carlos y no como el papá. Creo que mi mamá sufre de alguna forma cuando lo ve porque es el recuerdo de lo que ocurrió. Yo todavía me siento incomoda con toda esta situación. Yo sé que todo esto va a estar siempre en medio de mi familia, pero de alguna forma tendremos que dejar todo esto atrás. Será difícil, pero debemos tratar. Yo sé que no debería tener nada en contra de Carlos, porque no es su culpa. Respeto a mi papá muchísimo. Lo amo por el gran hombre que es. Yo sé que su vida ha sido muy dura, que sufrió mucho cuando niño. Él ha logrado muchos éxitos en su vida y estoy muy orgullosa de él. Tal vez no siempre tomó la decisión correcta en su vida y probablemente cometió muchos errores, pero todos cometemos errores y mi papá no es la excepción".

NANCY

Nancy es nuestra primera hija. Ella escribió así:

"De vez en cuando, y en diferentes etapas en mi vida, de la manera como miro las cosas mis sentimientos cambian. Cuando tenía cerca de dos años, fui a vivir con mi abuelita a Colombia. Mis padres eran personas muy trabajadoras que solo querían el mejor cuidado para mí, y esto iba a ser solamente por corto tiempo. Mi padre había hecho algunos viajes para verme y a tratar de traerme de regreso. A mi madre la conocía sólo por fotografías. Cuando finalmente me trajeron de regreso a casa tenía seis años y me enteré que tenía un hermano. La relación con mi madre tuvo un comienzo difícil. Vine a darme cuenta que mi madre tenía mucho resentimiento con mi abuela. Las cosas sucedieron de una manera que yo interpreté esto como odio hacia mí.

Mi padre era todo para mí. Yo sólo sentía amor y aprobación de él. Sentía esto aún después de enterarme que él tenía una amante. Yo no me sentía traicionada. Yo era tan ingenua que no entendía lo que esto realmente significaba y del dolor que mi madre estaba sufriendo. Yo no tuve que elegir de cuál lado estar y mi madre tampoco me lo pidió.

No fue hasta que maduré un poco más que entendí mejor la situación. Mi padre estaba siempre tenso al igual que mi madre. Mi padre nunca me golpeó o se desahogó conmigo. Parecía que mi hermano era siempre el que sufría las consecuencias. Siento que mi hermano me tiene algún resentimiento y esto me duele. Estábamos siempre temerosos de que mi padre explotara con nosotros o con algo. Mi hermano trabajaba todo el día porque no quería estar en la casa.

No fue hasta que mi padre me mintió que sentí ira contra él. Manipulaba a mi madre y a mí hasta el punto de ponerme en contra de mi madre. Una noche lo confronté en la casa de su amante. Me dolió encontrar su carro estacionado frente a su casa. Ese fue el día en que me desperté y vi a mi padre como él era realmente. Después sentí rabia, y todas las piezas del rompecabezas y del pasado se juntaron. Los problemas, las pérdidas y las peleas que mi familia había enfrentado empezaron a tener sentido. Sentía que nos estaba manipulado a todos para que hiciéramos las cosas a su manera. Todos sabíamos esto y ahora nosotros podíamos jugar su mismo juego. Mi madre me preguntó si ella debería de mantener su matrimonio, no sabía qué hacer. Nosotros queríamos mantenernos juntos.

Pronto después de que inicié la secundaria, nos fuimos a Colombia y decidimos quedarnos allá, o eso creo yo. Yo estaba feliz, pero podía notar la tristeza de mi madre, nunca pensé en preguntarle por qué. No me di cuenta de esto hasta que regresamos a Estados Unidos y me enteré de que tenía un medio hermano. Sentí que nos habían hecho a un lado. Que mi padre le brindaba más atención a Carlos que a nosotros. A la misma vez, le di la bienvenida al bebito. Sentía que él no tenía nada que ver con todo este enrredo.

Comencé a trabajar mucho y al mismo tiempo estaba yendo a terapia. El psicólogo sugirió que me debía mantener afuera de los problemas de mis padres y enfrentar los míos. Y así lo hice. Me fui de la casa. Mi madre me dejó ir. Pero al mismo tiempo ella estaba sufriendo. Amaba a mi familia pero tenía que ayudarme a mí misma.

Pronto después de mi mudanza, me casé. Tuve que aprender a confiar en mi esposo. Yo era muy insegura, muy celosa y esto le molestaba a mi esposo. Me di cuenta que yo provocaba peleas creando un caos entre nosotros.

Después del nacimiento de mi primera hija, comencé a sanarme de mis problemas. En ese momento me di cuenta de lo que mi madre sufrió. Durante el tiempo en que mis padres enfrentaron los problemas con la pérdida de su casa y que mi padre perdió su trabajo, ella estaba bajo mucha presión. Mi hermano y hermana menor se quedaron conmigo por un tiempo. Estaba un poco molesta pero a la vez feliz de que estuvieran conmigo.

Mis padres no son perfectos. Ellos hicieron lo mejor que pudieron. Yo así lo creo. Mi madre y yo no compartimos la relación que yo quería, pero ahora que miro hacia atrás, me doy cuenta que ella estuvo junto a mí en los momentos más importantes, en los momentos en que se marcó una diferencia en mi vida. Ella estuvo conmigo cuando mi matrimonio se estaba viniendo al piso; ella es la razón de que todavía esté casada. Ella estuvo ahí cuando estaba perdida y no podía encontrarme a mí misma. Ella creyó en mi cuando nadie más lo hizo, ni siquiera yo misma. Ella estuvo ahí cuando Jessica nació.

Con relación a mi padre, él es la persona que más admiro por su fuerza para seguir adelante. Nunca lo he visto descansar un día en su vida. Nada ni nadie ha podido derrotara a mi padre, ni su pasado, ni su presente y dudo mucho que su futuro lo pueda lograr".

ALEX

Alex es nuestro segundo hijo. Él escribió:

"¿Qué puedo decir acerca de haber crecido en mi casa? Realmente he tratado de borrar esto de mi memoria. Yo sé que se han escuchado decir muchas cosas de las familias separadas, de padres malos y de todo el amor que las personas dicen que les falta en sus vidas. La mayor parte de nosotros compadecemos a esta gente, pero estas experiencias marcan quiénes son en verdad. Si bien es cierto, mi niñez marcó lo que soy ahora y estoy muy satisfecho de lo que soy. No me mal interpreten, mis padres no son malos, de ninguna manera. A través de todo lo que nos ha ocurrido ellos siempre han estado ahí para mí cuando los he necesitado. Para ser honesto, creo que nosotros somos una de las familias más fuertes que he conocido. Nosotros hemos estado ahí el uno para el otro y el amor que nos tenemos es inquebrantable.

Cuando estaba creciendo, mis padres no me permitieron saber lo que estaba ocurriendo en sus vidas. Lo mantuvieron como un secreto, creo que para protegerme del sufrimiento o de que odiara a mi padre. Yo sé que el sentimiento que me unía a mi papá era temor. Yo le tenía miedo y hacía todo lo posible para que no se enojara conmigo. Hasta ahora no sé si es que él quería inspirarme miedo o si quería ganarse mi respeto. Sé muy bien que yo le temía pero, en realidad, ¿le respetaba? No estoy seguro. Ahora sé que lo respeto y que el temor ha desaparecido. Hoy puedo hablar prácticamente acerca de cualquier cosa con mi padre. Y esa es la forma como quiero sentirme con él. El pasado es algo que quiero olvidar. Por supuesto, no es fácil hacerlo; estaría mal de mi parte. No sería justo para mí, mis hermanos, hermanas y, especialmente, con mi mamá y mi papá. No importa lo que sea, es lo que somos.

Después de leer el libro de mi padre mi pasado cobró sentido. Nunca supe la razón por qué nos mudábamos tanto y por qué en algunas ocasiones nos separábamos. Honestamente, leí el libro de una vez, sin detenerme. Cuando terminé, las lágrimas me corrían y me dio rabia. No podía comprender cómo una mujer pudo hacer miserable la vida de siete personas. ¿Cómo mi padre permitió que nos pasara todo esto? Me lo pregunto cuando el abuso se vuelve adicción en mi mente y todavía no encuentro una respuesta. Quisiera poder decir que fue por amor, pero eso no era amor, eso era odio. Lo siento, pero cuando pienso en esto quisiera estrangular a esa perra por todo lo que nos hizo sufrir. Al final yo puedo dormir tranquilo porque sé que todos vamos a recibir lo que nos merecemos. Estoy seguro de que ella va a sufrir diez veces más todo lo que nosotros sufrimos.

Cuando conocí a Carlos por primera vez no sabía qué pensar. Presentía que algo no estaba bien. Me sentía muy extraño, no sabía cómo tratarlo, especialmente cuando veía la forma como mi madre sufría. Siempre podía notar la tristeza en los ojos de mi madre y la casi indiferencia hacia él. Por esa razón, no me gustaba cuando Carlos venía a visitarnos. No soportaba ver a mi madre así. Sé que Carlos no tenía culpa y que no tenía nada que ver con lo que ocurrió, pero de todas maneras a mi madre yo la conocía de toda la vida. Por el contrario, a él apenas lo conocía. Ahora quiero a Carlos como hermano; se merece lo mejor en la vida. Carlos ha tenido que sufrir tanto como nosotros. Hasta el día de hoy, siento que, no sé si debiese decir esto, pero siento que mi padre tiene más amor por Carlos que por el resto de sus hijos. Sé que mi padre nos quiere a morir, que haría todo por nosotros, pero a veces no puedo evitar sentirme así. Me duele pensar que esto tal vez sólo sea el fruto de mis inseguridades.

Cuando estaba creciendo la pasaba continuamente lejos de mi padre, por lo que realmente tuve que aprender a lidiar con mis problemas por mí mismo. La persona que realmente me cuidó fue mi hermano mayor. Tony es probablemente la razón por la cual pude sobrevivir todo esto. Él tomó la responsabilidad de asegurarse que yo no sufriera tanto como el resto de mi familia. Él siempre se aseguraba que yo estuviera bien. Estoy en deuda con mi hermano. A él le debo lo que soy ahora. Me enseñó cómo cuidarme y a comportarme. Él era el que me acompañaba a mis juegos de football, lucha libre y competencias de gimnasia. Él cuidó muy bien de mí. Y esto es algo que probablemente nunca voy a poder pagarle. Yo nunca perdí mi camino gracias a él. Por todo eso es que estoy muy orgulloso y me siento muy afortunado de que él sea mi hermano".

TONY

Tony es nuestro primer hijo. Él escribió lo siguiente:

"Mi niñez fue muy extraña. Por un tiempo yo era el único niño viviendo con mis padres y recibí mucho amor y atención. Me enteré que tenía una hermana mayor cuando yo tenía cerca de cinco años. Aproximadamente ese fue el tiempo cuando mis padres la trajeron de regreso de Colombia. En este punto de mi vida todo era perfecto.

No fue hasta cuando regresamos de Florida que comencé a darme cuenta que en mi familia algo andaba mal. Me enviaron junto con mi hermana mayor a vivir con el hermano de mi papá. Yo tenía como siete años. No podía entender qué estaba pasando: ¿por qué mi mamá estaba en Colombia con mi hermano y mi hermana menor y por qué yo no sabía dónde estaba mi papá? Nos quedamos con mi tío al final del verano y parte del invierno.

Mis padres finalmente regresaron y nos mudamos a una casa nueva en Chicago. Hasta entonces fue que me di cuenta del tipo de relación que mis padres tenían. No era la más saludable. Una noche mi padre regresó de un viaje de negocios y encontró una caja con sus pertenencias y algunas maletas frente a la casa. Esto creó un caos en mi casa. Desde ese día en adelante nada fue igual, nunca más.

El convivir con mis padres fue difícil y tuvo un efecto profundo en mí. Mi padre era un hombre violento, pero en otras ocasiones era muy cariñoso. Esto hizo muy difícil el poder acercarme a él. La confusión de mi madre en su relación con mi padre me dio mucha inseguridad. Todo lo que pasaba en la casa de acuerdo con los ojos de mi padre era mi culpa. Nunca quería decirle nada, porque cuando trataba de hacerlo no me escuchaba. Mi madre estaba siempre tensa, ya sea por las cuentas atrasadas o por mi padre. Pensaba, ¿para qué llevarle mis problemas?

Mi solución para lidiar con la situación de mi casa fue encontrar un trabajo, de ese modo no tenía que estar en la casa. A pesar de la forma cómo estaban las cosas en mi casa tampoco quería dejar mi casa. Sentía que tenía que estar ahí por mi hermano y mi hermana. Podría seguir hablando y hablando acerca de lo que ocurrió en aquellos años, pero siento que todo esto pertenece al pasado.

Veía a mi padre trabajar mucho, estudiar para superarse en su vida; a pesar de todo lo que se le presentó en su vida, no dejó que esto lo detuviera. Como su hijo siento que no fui lo suficientemente importante como lo fue su trabajo para él. De todas maneras, ahora que crecí me doy cuenta que ha dedicado su vida a triunfar para mejorar la situación de su familia. Después de todas esas largas horas de trabajo, llega tarde a su casa pero es feliz mirando a su esposa, sus hijos y sus nietos. Ha hecho mucho para ayudarme y ahora trabajo con él. Él me ayudó a comprar mi primera casa.

Mi padre recibió terapia y ahora es una persona que ha logrado dejar atrás sus problemas, pero no los ha olvidado. Ahora mis padres viven como una pareja normal que se quieren. Se puede apreciar que comparten una confianza mutua. Todo lo que sufrimos como familia ha creado un vínculo muy fuerte de unión entre nosotros.

Tengo mucho respeto por el hombre que es ahora mi padre. Y estoy muy agradecido que sea mi padre. Siento que mi madre es una mujer muy fuerte, que estuvo junto a mi padre por sobre todas las cosas y pienso que él es muy afortunado de tenerla a su lado.

Siento que mi vida me ha dado la oportunidad de entender que uno puede luchar por lo que quiere y apreciar lo que uno tiene porque nada nos llega fácil.

Hasta este día, mi padre y yo tratamos de mejorar nuestra relación, pero siento que todavía tenemos problemas comunicando nuestros sentimientos. Yo sé que me ama; pero siento que no sabe cómo decirlo, al igual que yo. La única vez que le dije a mi padre que lo amaba, tenía trece años. Sus propias manos me empujaron de su lado. Desde ahí, nunca más le dije que lo quería.

Este libro me ha dado la oportunidad de mirar hacia atrás y darme cuenta que, a pesar de que no me ha dicho estas palabras, me ha demostrado de muchas formas cuánto él me ama. Y me gustaría terminar diciendo, 'Te amo, papá'".

ENTREVISTA CON MI NUERA, LISA

"Cuando conocí a Tony por primera vez, supe que compartiría el resto de mi vida con él. El poder lograr que él entendiera esto fue otra historia. Trabajábamos en el mismo lugar y siempre me hacia reír. Deseaba mucho salir con él y después de un tiempo lo logré. Empezamos a salir como novios. Como a los cinco meses de nuestra relación, comencé a tener problemas con mis dos compañeras de cuarto. Tony y yo empezamos a buscar un apartamento para mudarnos. Mientras buscábamos, las cosas siguieron peor entre mis compañeras y yo. A ellas no les caía bien Tony. Tony me dijo que tal vez pudiéramos vivir en la casa de sus padres por un par de semanas hasta que encontráramos un lugar para nosotros. Me mude ahí y las cosas eran magníficas. Me llevaba muy bien con su familia y disfrutaba el tiempo que pasábamos juntos. Después su madre nos dijo que deberíamos quedarnos ahí y ahorrar dinero mientras vivíamos con ellos. Los dos hablamos acerca de esto y decidimos que lo haríamos por un año y que después nos compraríamos una casa pequeña para nosotros.

Convivir con su familia fue maravilloso. Los fines de semana hacíamos asados en el patio y mirábamos películas. Realmente me encariñé mucho con ellos. Quiero mucho a su hermanita menor, Pilar. Yo no era muy apegada a mi hermano, por lo que esto me parecía maravilloso. Las dos salíamos juntas y ella me contaba de sus amigos y de su escuela. Los papas de Tony trabajaban mucho durante la semana y los dos manejaban grandes distancias desde o hacia sus trabajos. Llegaban a casa alrededor de las 10 de la noche, lo que significaba que Tony y yo controlábamos a dónde, con quién y qué hacían todos. Los fines de semana su mamá cocinaba y trataba de pasar la mayor parte del tiempo posible con su familia. Su padre, por el otro lado, se iba a trabajar mucho antes de que nos despertáramos y regresaba a casa alrededor de las 10 de la noche. Era muy raro, pero algunos domingos se quedaba en casa. (Quisiera decir que aún hasta hoy, ¡Oliveiro no cree en días libres!)

Nunca supe que había problemas en la familia, tampoco acerca de Carlos. Fue un lunes en la noche, todavía lo recuerdo como si hubiera ocurrido ayer, cuando me enteré de los secretos que la familia guardaba muy celosamente. Pilar había salido, era una noche de verano y no la podíamos encontrar. Cuando finalmente la encontramos, no es necesario mencionar que Oliveiro no estaba nada contento con ella, con Tony y, de paso, conmigo. La cosa se puso fuera de control: Oliveiro y Carmen comenzaron a gritarle a Pilar. Entonces llegó Alex, pero era un mal momento y la discusión le cayó encima. Empezaron a preguntarle, qué horas eran esas de llegar y qué había estado haciendo. Creo que no fue justo porque él estaba llegando a la hora correcta y no había hecho nada malo. Alex se enojo y salió de la casa. Tony fue tras él: una hora después los dos regresaron a casa. Después, Tony me contó el pasado de su familia, yo estaba completamente sorprendida. Creo que cuando tú eres alguien que viene de afuera no puedes apreciar las grietas de la pared a primera vista, tú solo vez lo que quieres ver.

Carmen estaba con Pilar todo el tiempo. Tony y Alex salieron. Cuando regresaron, Carmen bajó y habló con nosotros. Me dijo que estaba preocupada que yo hubiera tenido que presenciar todo esto. Me dijo que yo era parte de la familia y que tanto ellos como los demás tenían problemas también. Después habló con Alex por un buen rato. Podía escuchar a Alex decir que "no iba a vivir así nunca más". Yo podía sentir lo que él sentía, pero no entendía porqué él decía que no era buena su vida en su casa. Todavía no conocía toda la historia. Hice una jarra de café para ocuparme en algo y Tony me pidió que le llevara una taza de café a su padre. Estaba en su cuarto solo, Tony no quería que su padre creyera que yo tenía una mala imagen acerca de él. Me impresionó la preocupación que Tony tenía por su padre. Me dijo que lo que yo había presenciado esa noche no era nada comparado a cómo habían sido las cosas anteriormente.

Esa noche me sentí más unida a su familia. Al siguiente día, las cosas volvieron a la normalidad y no volvimos a hablar acerca de lo ocurrido. Tony no era muy bueno expresando sus sentimientos. Pienso que esto trasciende desde su niñez, mantener sus sentimientos ocultos era mejor, porque si los dejaba salir, éstos podrían revelar la verdad.

Pasaron unos meses y luego tuvimos una reunión familiar. Oliveiro y Carmen nos comunicaron que el pago de la casa estaba muy atrasado y que a no ser de que reuniéramos el dinero atrasado perderíamos la casa. Todos juntamos nuestro dinero y aún así no reunimos lo suficiente. Oliveiro y Carmen fueron a la corte, cuando regresaron a casa nos dijeron que habíamos perdido la casa y que teníamos que mudarnos en los siguientes meses. Tony y yo comenzamos a buscar una casa pequeña para rentarla por un mes mientras nos daba tiempo de pensar qué era lo que íbamos a hacer todos. Oliveiro dijo que regresaría a la corte a la siguiente semana para ver si podía conseguir un poco más de tiempo. Ahora teníamos que buscar un lugar para vivir, empacar una casa de siete personas y trabajar nuestras 40 horas. No es necesario mencionar que no teníamos dinero, pues lo que teníamos se utilizó para hacer los pagos atrasados de la casa.

Cuando regresaron de la segunda cita en la corte y nos dijeron que debíamos movernos en las siguientes 24 horas, me enfermé del estómago. No le había dicho a mi familia nada de lo que estaba ocurriendo. Creo que tenía la esperanza de que las cosas mejoraran y, además, porque no sabía qué decirles. No creo que ellos lo hubieran entendido, además también creía que al decírselos estaba traicionando a Oliveiro y a Carmen, porque este era un asunto suyo, no mío. Decidí llamar a mi mamá y decirle que el jefe de Oliveiro estaba recortando personal y que desdichadamente él era uno de los afectados. Que queríamos mudarnos antes de que las cosas se pusieran peores. Hasta hoy día, no sé si ella me creyó o no. Nunca hablé con mi madre ni quería que se enterara de los problemas de la familia de Tony. Ella tampoco me preguntó. Mi familia siempre ha creído que nadie debe inmiscuirse en los problemas de los demás. Además, nunca quise que existieran sentimientos extraños entre las dos familias. Nadie tiene el derecho de juzgar a otras personas a no ser de que ellos hayan pasado por una situación similar.

Pasamos la semana siguiente viviendo día a día, pensando que en cualquier momento la policía llegaría a decirnos que teníamos que salir de la casa. Todavía no sabíamos dónde íbamos a vivir. Alquilamos una camioneta y, gracias al trabajo de Carmen, llevamos las cosas a un cuarto en el edificio de su trabajo. Quedaba a una hora de distancia, tuvimos que hacer algunos viajes para llevar nuestras cosas ahí. Al día siguiente fui a trabajar y Tony se quedó en casa. Nos íbamos a quedar con uno de sus tíos que vive en Chicago. Yo le dije que estaba bien y cuando me vino a buscar al trabajo, fuimos hasta la casa a buscar lo que quedaba de nuestra ropa y algunas otras cosas. Por una razón que no recuerdo ahora, acabamos lo dos durmiendo esa noche ahí. A la mañana siguiente, cuando nos despertamos, lo único que podía pensar era que esa ya no era nuestra casa. Nunca en mi vida había sentido mi corazón tan vacío, a pesar de que Tony estaba sentado a mi lado.

Yo estaba muy asustada, no tenía un lugar al cual llamarle mi casa y ni si quiera conocía al hombre con quien nos íbamos a quedar. Quería llamar a mi mamá y quedarme con ella pero, ¿cómo podía hacerlo? Después de todo lo que Tony y yo habíamos vivido, sabía que ahora sólo nos quedaba seguir hacia adelante. Cuando llegamos al apartamento donde vivía su tío, me di cuenta que quedaba en un mal vecindario. El corredor era muy oscuro y sucio. Al día siguiente nos fuimos a trabajar y cuando regresamos al apartamento en Chicago conocí a los otros parientes que también vivían ahí. Eran muy agradables e hicieron todo lo posible por hacernos sentir bien. Luego empezaron a bromear acerca de las ratas, pero yo no les creí. Tampoco creí que hubiera cucarachas. Pues bien, sí las había y ahora más que nunca quería irme de ahí. Después, sin ni siquiera notarlo, nuevamente estaba casi feliz. Nos quedamos en un cuarto muy pequeño. Teníamos dos colchones medianos que juntamos y hacían nuestra cama, viviendo en medio de nuestros pequeños amigos caminando por el piso. Pero no me tenía que preocupar más, la gente era muy buena y me sentía segura.

Después de vivir así por cerca de dos meses, empecé a sentir que si no encontrábamos nuestro propio lugar pronto, nunca lo haríamos. Tony y yo queríamos tener nuestro propio apartamento y empezar a vivir por nuestra cuenta. Después Alex nos dijo que él estaba muy descontento viviendo con su amigo y que quería vivir con nosotros. Por lo que en lugar de alquilar un apartamento buscamos una casa. Estábamos muy contentos de poder salirnos a vivir solos. Cuando llegó la hora de mudarnos, Pilar preguntó si ella también podía quedarse con nosotros. Pues bien, la respuesta fue que sí, por lo que ahora terminamos viviendo como en el show de televisión 'Grupo de Cinco' (*Party of Five*). La vida ahí era muy buena. Teníamos nuestros momentos cuando peleábamos todos pero, ¿quién no lo hace?

Estábamos alquilando esta casa a unas personas que vivían fuera del estado. Después de cerca de ocho meses recibimos unos documentos de los dueños, quienes no habían pagado la hipoteca por más de un año. Hablamos con ellos y nos enteramos que el banco iba a tomar posesión de la casa. Nuevamente nos teníamos que mudar, pero como no teníamos el tiempo necesario para buscar otra casa, tuvimos que regresar a Chicago. Luego que regresamos a Chicago, encontramos un apartamento. Esta ocasión era uno mejor. Oliveiro y Carmen tenían su propio apartamento en el edificio, también nosotros. Nuevamente las cosas parecían estar bien. Excepto por los dos apartamentos en el sótano, todo el edificio era de la familia. Estábamos seguros y contentos a nuestro modo.

Una noche Pilar se perdió y lo que vino después fue muy difícil de aceptar. Pilar fue violada y no había nada que pudiéramos hacer nosotros para regresarle su inocencia. Durante la mayor parte de esto ella fue muy fuerte. Estaba asustada, confundida y muy valiente, todo esto al mismo tiempo. Nos mudamos otra vez al poco tiempo de esto. Pero la persona que le hizo esto a Pilar fue el esposo de su propia prima, pero ellos culpaban a Pilar por lo ocurrido. Fue muy triste saber que ellos prefirieron vivir con un violador que decidirse cambiar sus vidas. Permanecimos viviendo en este sucio edificio y esta gente nos insultaba y arrojaba huevos a nuestros carros. Con todas estas acciones, nos demostraron que no tenían clase y que tampoco la querían tener. No siento ningún interés por esta gente. Siento que las cosas en la vida tienen su razón de ser y que las dificultades solamente fortalecen a la persona. Nuestra vida ahora ha mejorado. No pienso en aquellos días con remordimientos. Siento que ahora tengo la fuerza de superar cualquier cosa siempre y cuando esté junto a las personas que me interesan y que quiero. Todo el tiempo se escucha la expresión de que "la vida es muy corta", y es la verdad, cualquier persona mayor de veinte años lo puede decir.

Ahora, Tony lleva algunos años trabajando con Oliveiro en su compañía. Él fue el primer empleado y el único que sabía cómo usar una computadora. Ahora hay dos escuelas de computación y están abriendo la tercera. Tony continúa trabajando ahí y da clases. La compañía ha sido un verdadero milagro para la familia. Nos ha demostrado que, a pesar de que te encuentres mal y que no tengas un centavo, uno puede edificar sus sueños con dedicación y mucho trabajo.

No conocí a la persona que era Oliveiro anteriormente. Sólo conozco a la gran persona que es él ahora. Sé que todos los problemas por los que él ha pasado lo han hecho la persona que es hoy. Admiro la forma cómo se ha levantado tantas veces y le agradezco por enseñarme a hacer lo mismo. Él pudo haber perdido mucho en su vida. Y en vez de darse por vencido, comenzó a cambiar, cosa que la mayor parte de las personas no hacen. Observo todo lo que él le hizo a su familia y pienso: "¿podría yo olvidar como ellos lo hicieron? Quisiera pensar que sí".

Por lo que a Carmen respecta, ella me ha dada tanto. Ella cuida de mis hijas, y les enseña tantas cosas. A mí, particularmente, me ha enseñado el significado de la fe verdadera y sólo espero poder ser tan generosa y comprensiva como ella lo es. También me ha enseñado el significado de la palabra fuerza con todo lo que ella ha tenido que enfrentar. Nunca la he visto dejarse vencer. Tan sólo la he visto levantar la cabeza un poco más. Ella me hace sentir orgullosa de ser mujer. Yo soy muy afortunada de ser parte de su familia.

Comentarios de Carmen

"Usted, como lector, tal vez se preguntará porqué yo, Carmen, aguanté tanto abuso. Hubo muchas razones que me sostuvieron en esta situación. La principal fueron mis hijos, Oliveiro y yo misma. Cuando era niña, fui siempre muy feliz. Mis padres no fueron ricos, pero puedo decir que tuvimos lo suficiente para vivir cómodamente. Yo soy la novena de doce hermanos y hermanas. Tengo una familia muy cariñosa. Mi padre fue un buen padre: un hombre responsable y muy respetable en mi pueblo natal. No tomaba y no tenía ningún otro mal hábito. Mi madre fue muy estricta, pero fue una persona muy justa. Nos enseñó a respetar a nuestro padre. Ella nunca nos dijo nada negativo acerca de él. Y también nos enseño a comportarnos.

Crecí junto a mis primos, tíos y tías. Fui muy mimada por mi madrina. Cuando era pequeña nunca vi a mi madre y a mi padre discutir. Siempre pensé que mis padres tenían un matrimonio perfecto. Descubrí que mis padres, como tantas otras parejas, también tenían problemas. Pero ellos nunca discutían sus problemas delante de nosotros. Debido a las lecciones que había aprendido en mi vida, actué tal y como como me enseñaron. Tenía la misma manera de actuar que mi madre. Quería toda la felicidad para mis hijos. A cualquier costo evitaba enfrentamientos con mi esposo frente a mis hijos. En ocasiones era imposible lograrlo por el comportamiento de Oliveiro.

La primera vez que me di cuenta que mi esposo me era infiel, no lo podía creer. Era imposible para mí aceptar que había hecho tal cosa. Muchas personas me hablaban por teléfono para decirme que mi esposo estaba con otra mujer. Desde entonces no quería contestar el teléfono porque me daba miedo. Vivía en negación. Cada vez que lo confrontaba, él negaba mis acusaciones. Me daba buenas razones para creerle. Cuando ya él no podía convencerme, me decía que hablara a tal o cual persona para preguntarles si él había estado en su casa a esa hora. Naturalmente, yo nunca iba a hacer tal cosa. Me parecía humillante tener que preguntarles si mi esposo había estado ahí. De todas maneras, envié una carta a Celia a su oficina, indicándole que yo era su esposa y que estábamos casados: por la iglesia y por lo civil. Le indiqué que teníamos dos hijos y que estaba embarazada de nuestro tercer hijo. Me pareció que a ella esto no le importó.

Cuando estábamos recién casados, Oliveiro era una persona maravillosa; él era el mejor padre, el mejor hermano y el mejor hijo. Siempre hacía lo correcto. Planificábamos juntos nuestro futuro. Él nunca me escondía nada. Creía que lo conocía mejor que nadie. Pero me equivoqué. Mi esposo tenía un lado muy oscuro de su personalidad, un lado que causó a sus hijos y a mí mucho dolor y desilusión.

Comencé a buscar ayuda profesional para mí. La primera vez que el consejero mencionó la palabra codependiente, me molesté y abandoné la oficina. No regresé por un buen tiempo. Salí con un tumulto de emociones y en un estado de negación. Evité confrontar la situación manteniéndome ocupada.

Razoné que si él me iba a abandonar, yo debía estar lista para cuando ese momento llegara. Cuando regresé de Colombia, volví a la universidad y empecé a estudiar para mi licenciatura en Sicología. Me levantaba a las 5:30 de la mañana, alistaba a mis hijos, dejaba a la pequeña en la guardería y, a las 7 ya estaba trabajando. Estudiaba tiempo completo, trabajaba tiempo completo y cuidaba de mis hijos. Para este tiempo mi hija Nancy me ayudaba mucho. Estudiaba en casa, de esa manera podía pasar tiempo con mis hijos. Así no me quedaba mucho tiempo libre para sentirme triste ni de compadecerme a mí misma. Finalmente me gradué en la Universidad Roosevelt.

Cuando conocí a Oliveiro, me gustaba su personalidad. Era muy educado y siempre estaba contento, tenía un maravilloso sentido del humor. Bromeaba con todos en la fábrica donde trabajábamos. Se veía tan seguro de sí mismo que me enamoré de él. Cuando salíamos nunca tomaba, era muy amable y caballeroso. Cuando nos casamos y con el paso del tiempo, comencé a notar que para tomar una decisión tenía que consultarle a su hermano y obtener su aprobación. Únicamente lo que su hermano decía estaba correcto. Oliveiro lo trataba más que como a un padre. A veces le preguntaba por qué hacía esto y me contestaba que su familia era muy unida. Le creí, hasta que descubrí que él estaba más unido a su familia que lo que su familia estaba unido a él. Él también era un codependiente.

Cuando se envolvió con Celia comencé a notar en él el mismo tipo de conducta que Oliveiro describía de ella; se volvió irritable y abusivo con nosotros. Analicé la vida de Oliveiro muy detenidamente y utilizando los conocimientos que había adquirido en la universidad y decidí buscar la forma de ayudarlo. Comencé a entender que por la descripción de su niñez había causas fundamentales para explicar su comportamiento. Oliveiro se convirtió en el caso de estudio de mi tesis de grado.

A pesar de que todos me decían que debía confrontar a Celia o que debía echar a Oliveiro de la casa, no los escuchaba. No quería hacer algo de lo que después me avergonzara. En una ocasión Celia me llamó a mi oficina para insultarme y gritarme. Pensé que ella no estaba actuando racionalmente. Traté de razonar con ella, porque era una situación vergonzosa. Ella continuaba gritando e insultándome. Le colgué el teléfono y le hablé a su supervisor para informarle que esta persona estaba usando su tiempo y mi tiempo de trabajo para llamar a mi oficina e insultarme. También le informé que yo había tratado de razonar con ella y que me fue imposible. Aquí estaba yo, hablando con la supervisora de Celia, pidiéndole que no me hablara a mi trabajo nunca más.

Cuando Oliveiro y yo decidimos regresar y reconciliarnos, le sugerí que su primer objetivo debía ser renunciar a Celia. Él no quería dejar a Celia y me daba mil excusas. Por lo que le pedí que se fuera a vivir con ella. Cuando finalmente se fue, tuve una reunión con mis hijos. Les expliqué que su padre se había marchado pero les reafirmé que su padre los amaba y que siempre iba a estar disponible para ellos. Les dije que él todavía era su padre y que se merecía su respeto.

Mientras hablaba con mis hijos. Me llamó Oliveiro para decirme que no quería dejarme. Estaba muy confundido. Me dijo que su vida iba a ser un desastre y que en vez de ayudar a Carlos lo iba a confundir aún más. Le dije que era muy tarde, que él ya había tomado su decisión. Que debía aprovechar esta oportunidad y tratar de arreglar su vida con Celia.

La noche siguiente nuevamente me llamó, hizo el compromiso de dejar a Celia. Me dijo que había hablado con ella y que él creía que ella no iba a cambiar. Que además él no la amaba. Cuando me llamó, estaba en un estado terrible y muy turbulento. Decidí llamar a mi terapista y lo llevé para que lo viera. Desde entonces, las cosas comenzaron a cambiar, Oliveiro aceptó sus problemas. Lloramos y lloramos por la niñez y por las terribles situaciones que Oliveiro había vivido. Pero era necesario dejarlo atrás. Los dos buscamos ayuda profesional; los psicólogos descubrieron que Oliveiro sufría de Trastorno Obsesivo-Compulsivo.

Durante todo este tiempo protegí a mis hijos tanto como pude. Les enseñé a respetar, no tan sólo a su padre, sino a los demás. Con respecto a Carlos, él es parte de nuestra vida y es bienvenido a mi casa todo el tiempo.

Cundo el abuso se vuelve adicción es un libro escrito con mucha pasión y dolor. Creo que mucha gente se va a identificar con nosotros al leerlo. Este libro demuestra que no importa lo que nos ocurra en la vida, las cosas pueden cambiar. Uno puede lograr el triunfo como Oliveiro lo hizo. Él nunca se dio por vencido. Él siempre mira hacia delante y cree que siempre hay algo maravilloso que lograr. Amo a Oliveiro por el gran hombre que es.

Mi opinión personal es que antes de darse por vencido, ya sea por problemas similares a los nuestros o de mayor magnitud, debemos mirar dentro de nuestro corazón. A veces hay algo valioso guardado ahí. Yo no quería darme por vencida tan fácilmente, todo lo contrario, pero en muchas ocasiones realmente quería abandonarlo todo. Dios me dio la fuerza para seguir y lograr poder contar una historia triste que valiera la pena compartir con todos ustedes".

COMENTARIOS DEL AUTOR

Sentí en muchas ocasiones que era imposible levantarme y continuar viviendo, pero lo hice cuando el abuso se vuelve adicción. Yo sé que mi fortaleza interior viene de mi esposa y mis hijos. A través de los momentos más difíciles de mi vida mi familia estuvo junto a mí, empujándome para triunfar. Mis amigos creyeron en mí, aún cuando yo no lo hice. Cuando miro hacia atrás, me doy cuenta que soy muy afortunado por haber recibido la ayuda de muchas personas, algunas de ellas se volvieron mis mentores.

Siento que soy una persona diferente. Me he liberado de todos los obstáculos del pasado, ahora puedo mirarlos, aceptarlos y agradecer por mis atributos. Tengo la habilidad de resolver problemas. Estoy dedicado a la excelencia y tengo la habilidad de aclarar dificultades entre las personas. Soy muy exacto en mis pensamientos, siempre esforzándome por ser preciso. Analizo antes de tomar decisiones o de defender mi punto de vista. Continúo creciendo, especialmente en mis conocimientos y habilidades. Antes de defender mi punto de vista prefiero observar y esperar. Siempre estoy en busca de otras opciones. Soy muy bueno analizando la manera en cómo utilizar las soluciones, capto los acontecimientos y la información necesaria. Soy honesto en mis evaluaciones y tomo un enfoque realista. Busco la mejor manera de servir a una organización, incluyendo la mía misma. Me enfoco en logros a largo plazo. Junto con todo lo demás, tengo un sentido muy alto de lealtad y servicio. Continuamente estoy edificando en lo que sé y lucho por integridad intelectual. He crecido.

Mi fortaleza incluye mi conocimiento de las personas y mi debilidad está en mi necesidad de ser aceptado y valorado por los demás. A pesar de que muchas personas me buscan para pedirme consejos, solía subestimar mis habilidades de ser un buen líder. He comenzado a reconocer que algunos de mis amigos tienen una imagen positiva de mí. Razón por la que antes de concluir este libro, quisiera expresar mi gratitud a quienes me ayudaron a sobrevivir y a ser una persona mejor. Como ya lo mencioné anteriormente, desde mi llegada a este país he trabajado arduamente, paso a paso, para llegar a donde estoy ahora. Mi objetivo es siempre sacarle provecho a mis fortalezas y mejorar mis debilidades.

Fue un proceso muy doloroso comenzar a escribir *Cuando el abuso se vuelve adicción*. A medida que iba escribiendo, leyendo y llorando, sentía cómo mis heridas se iban cerrando según como iba escribiendo sobre ellas. El escribir este libro fue una tremenda ayuda para mi recuperación. He cambiado.

Primeramente aprendí que no puedo jugar el papel de Dios: que no tengo el poder de tomar la vida de nadie, en especial la de mi padre. Tampoco tengo el poder de dar o quitar enfermedades mortales en las personas. Aprendí a comprender que yo no soy el culpable de haber recibido todo el abuso del que fui víctima en mi niñez.

Después de unas cuantas sesiones con mi psicólogo comprendí que mi padre murió porque Dios así lo dispuso. No era posible para mi padre se parara de su cama en el hospital y veniera a verme, pero fue Dios quien me permitió llegar a su lado. Su último deseo fue ver a su hijo menor por última vez, abrazarme, llorar y decirme adiós. Cuando recuerdo su cara, él quería desesperadamente decirme algo; me seguía con su mirada a todos lados. Lo vi llorar, pero no podía articular ni una sola palabra. Mi madre me dijo que, después que salí del hospital, pidió un papel y lápiz para escribir algo, pero no lo pudo hacer.

Mucha gente me ha manipulado, pero la peor de todas fue Celia. No tenía la fuerza para decirle que no a

muchas cosas. Cuando finalmente tuve la fuerza para decirle no por primera vez, en ese instante supe que mi recuperación había tomado su verdadero curso.

Solía sentirme como el hombre más denigrado en el mundo cuando Celia me denigraba, cuando ella pisoteaba mi
autoestima, diciéndome que yo era un bueno para nada, un
mal padre, un ser humano sin valor y un insignificante en
este mundo. Sus palabras me hicieron creer que sus errores
y sus decisiones eran mi culpa y mi responsabilidad. Con
esta lógica tan irracional, creía que ella me hacía un favor
quitándome mi dinero, mi vida, mi autoestima y aceptán-
dome en su vida, aún hasta destruyendo a mi familia. Ella
creía que era mejor que todos los demás. Y por esto yo tenía
que rogarle para tener su perdón.

Todos los traumas que viví a su lado se han borrado de
mi vida. Tuve que aprender a limpiarme todo el veneno que
ella dejó en mi vida. Ahora sé que cualquier ser humano,
ya sea pequeño o grande, tiene el derecho a ser respetado, a
controlar su vida y a tener la oportunidad de decir no.

Hasta el día de hoy, Celia no cree que yo haya cambiado
y ella trata de mantener el mismo patrón de comportamiento. Evito al máximo hablar con ella, no por temor, sino porque ella nunca va a cambiar. Si algo me mantiene atado a
ella, es mi hijo, Carlos. En momentos ella desahoga su

frustración y odio en él. Por mi parte, no siento odio hacia ella. Dios me ha dado el poder de perdonarla. No quiero estar atado a su vida, ni siquiera con odio. Simplemente no me importa lo que tenga que decir o hacer. Ahora esto ya no me afecta de ninguna manera.

Cuando miro mi pasado y recuerdo mi vida desde los años de 1982 hasta 1996, siento como si me hubiera despertado de una pesadilla. Hasta 1995, cuando Celia aún tenía el control de mi vida, no podía trabajar por mi bienestar o el de mi familia porque estaba convencido de que yo no merecía nada. Le doy gracias a Dios porque la pude sacar a tiempo de mi vida. Tuve la oportunidad de reconstruir mi vida y todo ha cambiado para bien. Celia era la persona inalcanzable para mí (de acuerdo con lo que ella me hacía creer.) A lo largo de este libro, quiero que los lectores se den cuenta que la identificación con ella fue a partir de raíces formadas en mi niñez. Mi obsesión por ayudarla se podía comparar a cuando veía a mi madre llorar y no tenía la capacidad de hacer nada por ella Tuve la oportunidad de reconstruir mi vida y todo ha cambiado para bien. Tengo una familia que siempre ha estado a mi lado y ahora tengo cuatro nietas, que me hacen muy feliz.

El abuso infantil deja profundas cicatrices. He aprendido a vivir con estas cicatrices y espero haber roto la cadena y no repetirlo con mi familia. Ahora disfruto de una excelente relación con mis hijos y mis nietos. Ellos no tienen que vivir las consecuencias de mis actos y he podido brindarles días mucho mejores.

Aprendí a no huir de mis problemas. Estos no desaparecen si los ignoramos: hay que hacerles frente. Aprendí técnicas para manejarlos y las he aplicado constructivamente en mi vida. Ya no vivo en *negación* ni guardo dentro de mí cosas que me hagan daño. Vivo en control para aceptar mis debilidades y trabajo sobre mis puntos fuertes y, a la vez, acepto la responsabilidad de mis acciones. Ahora yo soy el capitán de mi barco. Tengo la esperanza de que al final, cuando las personas lean este libro, se den cuenta de esto: la vida es lo que nosotros hacemos de ella, aún si tenemos que empezar *cuando el abuso se vuelve adicción*.

Conclusión

Cuando el abuso se vuelve adicción está lleno de pasión y es el resultado de mi lucha a través de las facetas negativas de mi vida. Escribí este libro para compartir la idea de que, a pesar de que las cosas marchen mal, uno tiene el control para decidir y hacer que las cosas cambien. No obstante, a pesar de las situaciones dolorosas que se han mencionado a través de este libro, he logrado obtener muchas otras cosas positivas, como por ejemplo, por mencionar dos de ellas, un título universitario en Estados Unidos y establecer mi propia compañía. Por supuesto, esto no lo logré solo. Necesité apoyo, incentivo, dedicación y amigos con actitudes positivas alrededor de mí, a todos ellos, gracias.

CUANDO EL ABUSO SE VUELVE ADICCIÓN quedó totalmente impreso y encuadernado el 15 de junio del 2001. La labor se realizó en los talleres del Centro Cultural EDAMEX, Heriberto Frías 1104, Col. del Valle, México, D. F., 03100.

Calidad Total